プリント形式のリアル過去問で本番の臨場感！

宮城県

仙台白百合学園中学校

2025年春受験用

解答集

本書は，実物をなるべくそのままに，プリント形式で年度ごとに収録しています。
問題用紙を教科別に分けて使うことができるので，本番さながらの演習ができます。

■ 収録内容

・解答集(この冊子です)

書籍ＩＤ番号，この問題集の使い方，最新年度実物データ，リアル過去問の活用，
解答例と解説，ご使用にあたってのお願い・ご注意，お問い合わせ

・2024(令和６)年度 ～ 2021(令和３)年度 学力検査問題

○は収録あり 年度	'24	'23	'22	'21		
■ 問題(Ⅰ期)※	○	○	○	○		
■ 解答用紙(書き込み式)	○	○	○	○		
■ 配点						

算数に解説があります

※2024年度より国語・算数・英語から1教科選択，日本語作文は収録していません
(2023年度以前は一般入試を収録)
※Ⅰ期英語のリスニング原稿は収録していますが，音声は収録していません
注)国語問題文非掲載:2024年度の[二]，2023年度の[一]，2022年度の[二]

問題文の非掲載につきまして

著作権上の都合により，本書に収録している過去入試問題の本文の一部を掲載しておりません。ご不便をおかけし，誠に申し訳ございません。

本文の一部を掲載できなかったことによる国語の演習不足を補うため，論説文および小説文の演習問題のダウンロード付録があります。弊社ウェブサイトから書籍ＩＤ番号を入力してご利用ください。

なお，問題の量，形式，難易度などの傾向が，実際の入試問題と一致しない場合があります。

教英出版

■ 書籍ＩＤ番号

入試に役立つダウンロード付録や学校情報などを随時更新して掲載しています。
教英出版ウェブサイトの「ご購入者様のページ」画面で，書籍ＩＤ番号を入力してご利用ください。

書籍ＩＤ番号 105406

（有効期限：2025年9月30日まで）

【入試に役立つダウンロード付録】
「要点のまとめ（国語／算数）」
「課題作文演習」ほか

■ この問題集の使い方

年度ごとにプリント形式で収録しています。針を外して教科ごとに分けて使用します。①片側，②中央のどちらかでとじてありますので，下図を参考に，問題用紙と解答用紙に分けて準備をしましょう（解答用紙がない場合もあります）。

針を外すときは，けがをしないように十分注意してください。また，針を外すと紛失しやすくなりますので気をつけましょう。

① 片側でとじてあるもの

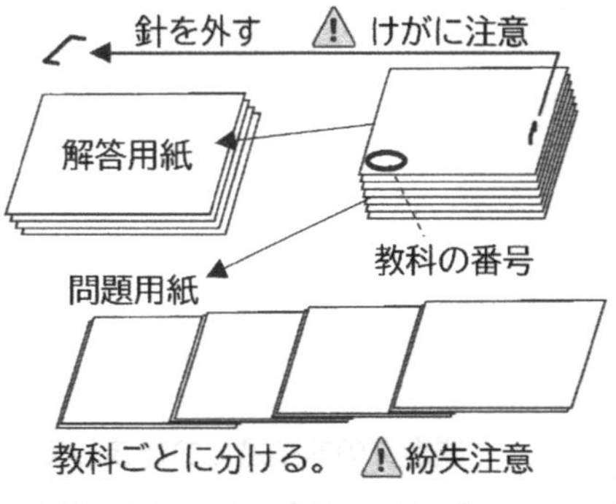

② 中央でとじてあるもの

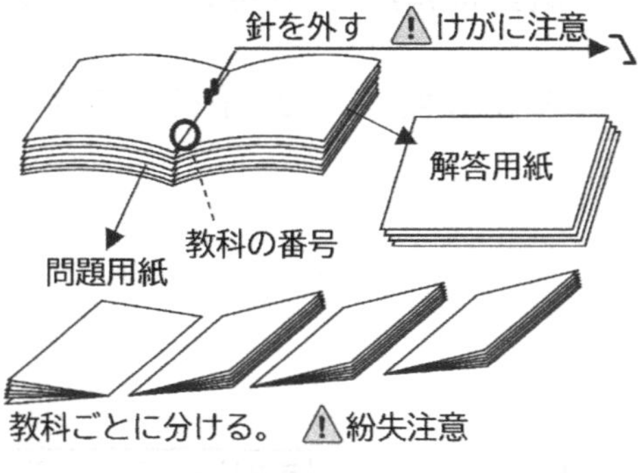

※教科数が上図と異なる場合があります。
解答用紙がない場合や，問題と一体になっている場合があります。
教科の番号は，教科ごとに分けるときの参考にしてください。

■ 最新年度 実物データ

実物をなるべくそのままに編集していますが，収録の都合上，実際の試験問題とは異なる場合があります。実物のサイズ，様式は右表で確認してください。

問題用紙	Ａ３プリント（書込み式）
解答用紙	

リアル過去問の活用

～リアル過去問なら入試本番で力を発揮することができる～

本番を体験しよう！

問題用紙の形式（縦向き / 横向き），問題の配置や余白など，実物に近い紙面構成なので本番の臨場感が味わえます。まずはパラパラとめくって眺めてみてください。「これが志望校の入試問題なんだ！」と思えば入試に向けて気持ちが高まることでしょう。

入試を知ろう！

同じ教科の過去数年分の問題紙面を並べて，見比べてみましょう。

① 問題の量

毎年同じ大問数か，年によって違うのか，また全体の問題量はどのくらいか知っておきましょう。どのくらいのスピードで解けば時間内に終わるのか，大問ひとつにかけられる時間を計算してみましょう。

② 出題分野

よく出題されている分野とそうでない分野を見つけましょう。同じような問題が過去にも出題されていることに気がつくはずです。

③ 出題順序

得意な分野が毎年同じ大問番号で出題されていると分かれば，本番で取りこぼさないように先回りして解答することができるでしょう。

④ 解答方法

記述式か選択式か（マークシートか），見ておきましょう。記述式なら，単位まで書く必要があるかどうか，文字数はどのくらいかなど，細かいところまでチェックしておきましょう。計算過程を書く必要があるかどうかも重要です。

⑤ 問題の難易度

必ず正解したい基本問題，条件や指示の読み間違いといったケアレスミスに気をつけたい問題，後回しにしたほうがいい問題などをチェックしておきましょう。

問題を解こう！

志望校の入試傾向をつかんだら，問題を何度も解いていきましょう。ほかにも問題文の独特な言いまわしや，その学校独自の答え方を発見できることもあるでしょう。オリンピックや環境問題など，話題になった出来事を毎年出題する学校だと分かれば，日頃のニュースの見かたも変わってきます。

こうして志望校の入試傾向を知り対策を立てることこそが，過去問を解く最大の理由なのです。

実力を知ろう！

過去問を解くにあたって，得点はそれほど重要ではありません。大切なのは，志望校の過去問演習を通して，苦手な教科，苦手な分野を知ることです。苦手な教科，分野が分かったら，教科書や参考書に戻って重点的に学習する時間をつくりましょう。今の自分の実力を知れば，入試本番までの勉強の道すじが見えてきます。

試験に慣れよう！

入試では時間配分も重要です。本番で時間が足りなくなってあわてないように，リアル過去問で実戦演習をして，時間配分や出題パターンに慣れておきましょう。教科ごとに気持ちを切り替える練習もしておきましょう。

心を整えよう！

入試は誰でも緊張するものです。入試前日になったら，演習をやり尽くしたリアル過去問の表紙を眺めてみましょう。問題の内容を見る必要はもうありません。どんな形式だったかな？受験番号や氏名はどこに書くのかな？…ほんの少し見ておくだけでも，志望校の入試に向けて心の準備が整うことでしょう。

そして入試本番では，見慣れた問題紙面が緊張した心を落ち着かせてくれるはずです。

※まれに入試形式を変更する学校もありますが，条件はほかの受験生も同じです。心を整えてあせらずに問題に取りかかりましょう。

仙台白百合学園中学校

《国　語》

[一]　問一．①弱　②策　③景色　④批判　⑤深刻　問二．イ　問三．良い結果／悪い状況　問四．視点を変えて考えてみると、違った印象が得られるということ。　問五．ア　問六．ア　問七．エ　問八．イ　問九．ウ　問十．イ

[二]　問一．①夕食　②完全　③望　④転校生　⑤部屋　問二．イ　問三．(1)がんこ　(2)エ　問四．鼻　問五．イ　問六．約束を守らなければ信用されない人間になるから。　問七．子犬を見たいのに、おじいちゃんにあとの約束をことわるように言われたから。　問八．ウ　問九．本当は約束を破ろうとしていたというううしろめたさがあるから。

《算　数》

1　(1)736　(2)16　(3)10.2　(4)100　(5)$1\frac{1}{4}$　(6)$11\frac{1}{9}$

2　(1)0.0255　(2)10：15：21　(3)19　(4)エ，カ　(5)27　(6)1584　(7)108　(8)82.8

3　(1)3.96　(2)1515

4　(1)25　(2)45　(3)121

5　(1)250　(2)23分20秒

6　(1)2.5　(2)12.8

《英　語》

1　1番…オ　2番…ア　3番…ウ　4番…カ　5番…エ

2　1番…○　2番…×　3番…×　4番…○　5番…○

3　1番…ウ　2番…イ　3番…イ　4番…ア　5番…ウ

4　1番…ア　2番…イ

5　(1)エ　(2)イ　(3)エ　(4)ウ　(5)イ　(6)エ　(7)ア　(8)ウ

6　(1)イ　(2)ウ　(3)ア　(4)エ　(5)エ

7　(1)am not a bus driver　(2)what day is it today　(3)study in the library on　(4)can't play the piano well　(5)who is your English teacher

8　(1)I don't have a car.　(2)Where is the museum?　(3)I like watching TV.　(4)I went to the store last Sunday.

2024 算数解説 ▶ 仙台白百合学園中学校

令和6年度

1 (2) 与式＝56－(48－8)＝56－40＝**16**

(4) 与式＝25×(2.1＋1.9)＝25×4＝**100**

(5) 与式＝$\frac{5}{3}+\frac{3}{4}-\frac{7}{6}=\frac{20}{12}+\frac{9}{12}-\frac{14}{12}=\frac{15}{12}=\frac{5}{4}=1\frac{1}{4}$

(6) 与式＝$(5+\frac{10}{27}\times\frac{39}{10})\div\frac{58}{100}=(5+\frac{13}{9})\times\frac{100}{58}=(\frac{45}{9}+\frac{13}{9})\times\frac{100}{58}=\frac{58}{9}\times\frac{100}{58}=\frac{100}{9}=11\frac{1}{9}$

2 (1) **【解き方】1m＝100㎝だから，1㎡＝(100×100)㎠＝10000㎠**

255㎠＝(255÷10000)㎡＝**0.0255㎡**

(2) **【解き方】2つの比に共通するBの比の数を，3と5の最小公倍数である15にそろえる。**

A：B＝2：3＝(2×5)：(3×5)＝10：15，B：C＝5：7＝(5×3)：(7×3)＝15：21だから，

A：B：C＝**10：15：21**

(3) x×3＝9＋48　x×3＝57　x＝57÷3＝**19**

(4) **エ**と**カ**はひし形の性質である。

(5) **【解き方】(わられる数)＝(わる数)×(商)＋(余り)である。**

ある数は42×15＋18＝648だから，24でわると，商は648÷24＝**27**である。

(6) **【解き方】底面の図形は，たて16㎝，横20㎝の長方形から，直角をはさむ2辺が20－6＝14(㎝)と16－8＝8(㎝)の直角三角形を取りのぞいた図形(右図参照)である。**

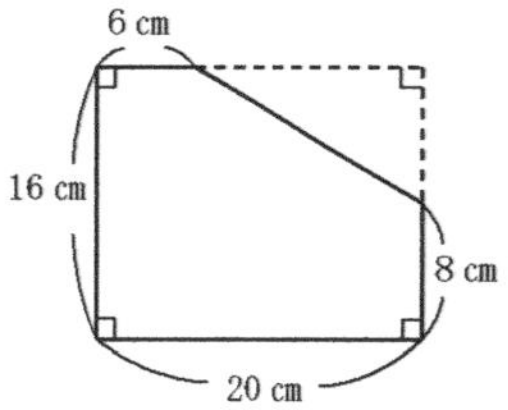

底面積は16×20－14×8÷2＝320－56＝264(㎠)で，高さが6㎝だから，

求める体積は264×6＝**1584**(㎤)

(7) 右図のように記号をおく。

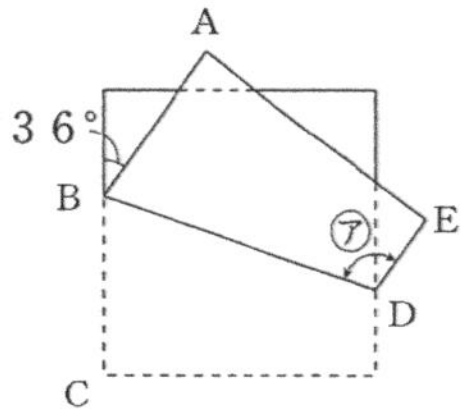

折り返した図形だから，角ABD＝角CBD＝(180°－36°)÷2＝72°

四角形ABDEの内角の和より，㋐＝360°－72°－90°×2＝**108°**

(8) 直線部分は5×4＝20(㎝)，曲線部分は，直径5×2＝10(㎝)の円の円周の長さ1つ分と，直径5㎝の半円の曲線部分4つ分の和だから，求める長さは，

20＋10×3.14＋5×3.14÷2×4＝**82.8**(㎝)

3 (1) ふくまれるたんぱく質の量は，牛乳の量に比例するから，とれるたんぱく質は，$6.6\times\frac{120}{200}$＝**3.96**(g)

(2) $200\times\frac{50}{6.6}$＝1515.1…より，**1515**gである。

4 (1) **【解き方】n列目に並ぶボウリングのピンはn本である。各列の右端《みぎはし》のピンに書かれた数字が，その列までに並べたピンの本数の合計である。**

6列目の右端のピンに書かれた数字は10＋5＋6＝21だから，7列目の左端のピンに書かれた数字は21＋1＝22である。また，7列目の右端のピンに書かれた数字は21＋7＝28である。よって，7列目に書かれた数字の合計は22＋23＋24＋25＋26＋27＋28＝175だから，数字の平均は175÷7＝**25**である。

(2) (1)の解説をふまえると，9列目までに並ぶピンの本数は28＋8＋9＝**45**(本)である。

(3) 8列目の右端のピンに書かれている数字は28＋8＝36だから，9列目のピンに書かれている数字は37から45までである。その中にある素数は，37，41，43だから，求める和は，37＋41＋43＝**121**

5 (1)　**【解き方】Ａ駅から博物館まで，バスで移動するのにかかる時間と，移動した道のりを求める。**

自宅からＡ駅までは５×1000÷200＝25(分)，博物館からＢ駅までは30分かかったから，Ａ駅から博物館までは１×60＋27－25－30＝87－25－30＝32(分)かかった。また，Ａ駅から博物館までの道のりは15－５－２＝８(km)→8000ｍである。よって，求める速さは，8000÷32＝250より，分速**250**ｍである。

(2)　**【解き方】快速電車に乗ると，自宅からＢ駅までは87－22＝65(分)かかる。**

快速電車に乗ると，Ａ駅からＢ駅までは(８＋２)×1000÷600＝$\frac{50}{3}$(分)かかる。自宅からＡ駅までは25分かかるから，求める時間は，65－($\frac{50}{3}$＋25)＝$\frac{70}{3}$＝23$\frac{1}{3}$(分)，つまり，23分($\frac{1}{3}$×60)秒＝**23分20秒**である。

6 (1)　10ｍ＝(10×100)cm＝1000 cmを$\frac{1}{400}$倍にした長さだから，1000×$\frac{1}{400}$＝$\frac{5}{2}$＝**2.5**(cm)

(2)　2.5×ＡＢ÷２＝４だから，ＡＢ＝４×２÷2.5＝3.2(cm)　　この3.2 cmは実際の校舎の高さを$\frac{1}{400}$倍にした長さだから，求める高さは，3.2÷$\frac{1}{400}$＝1280(cm)，つまり，1280÷100＝**12.8**(ｍ)である。

2023 解答例
令和5年度

仙台白百合学園中学校

《国　語》

[一]　問一．①原因　②忘　③技術　④配　⑤準備　　問二．世界／七十パーセント　　問三．エ　　問四．今のウナギ養殖に必要な天然シラス　　問五．ウ　　問六．汚染物質が川に流れこんだこと。／河川工事が行われたこと。　　問七．産卵／すみか　　問八．イ　　問九．ア　　問十．エ

[二]　問一．①低　②道路　③勢　④料金箱　⑤窓　　問二．イ　　問三．Ⅰ．わたしがしゃべった　Ⅱ．誤解　問四．ウ　　問五．息　　問六．ア　　問七．イ　　問八．バスの発車を待たせてしまったこと。　　問九．ウ　問十．苦手だと思っていたリサと笑い合えて、うれしい気持ち。

《算　数》

1　(1)905　(2)15　(3)252.5　(4)43.2　(5)$\frac{23}{28}$　(6)0.07

2　(1)36.2　(2)42　(3)3.5　(4)138　(5)$75\times x+5$　(6)15　(7)16　(8)86

3　(1)2：3　(2)150

4　(1)$x+8$　(2)21　(3)月

5　(1)8　(2)12

6　(1)25　(2)45

【算数の解説】

1　(2)　与式＝23－(16－8)＝23－8＝**15**

(4)　与式＝(27－15)×3.6＝12×3.6＝**43.2**

(5)　与式＝$\frac{4}{7}+1\frac{2}{4}-1\frac{1}{4}=\frac{4}{7}+\frac{1}{4}=\frac{16}{28}+\frac{7}{28}=$**$\frac{23}{28}$**

(6)　与式＝(0.75－0.6)×$\frac{7}{15}$＝0.15×$\frac{7}{15}$＝**0.07**

2　(1)　1L＝10dLだから，362dL＝$\frac{362}{10}$L＝**36.2**L

(2)　2と14の最小公倍数は14だから，3と14の最小公倍数を求める。3と14の最小公倍数は，3×14＝**42**

(3)　**【解き方】(平均点)＝(合計点)÷(人数)である。**

合計点が1×1＋2×3＋3×7＋4×12＋5×3＝91(点)，人数の合計が1＋3＋7＋12＋3＝26(人)だから，平均点は，91÷26＝**3.5**(点)

(4)　グラフから，15歳～64歳の割合は72－12＝60(％)と読み取れるから，およそ230×$\frac{60}{100}$＝**138**(万人)である。

(5)　1本目のテープの長さが80㎝で，2本目以降，1本つなぐごとに全体の長さは80－5＝75(㎝)長くなっていくから，$y=80+75\times(x-1)=80+75\times x-75=$**$75\times x+5$**

(6)　右図のように記号をおく。ABとACの長さは正方形の1辺の長さと等しいから，三角形ABCは正三角形なので，∠ABC＝60°

したがって，角㋐＋角㋑＝90°－60°＝30°で，角㋐＝角㋑だから，角㋐＝30°÷2＝**15°**

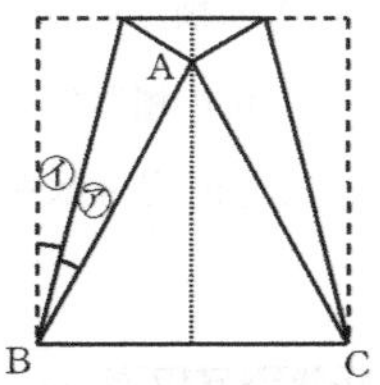

⑺　**【解き方】右図のように，色をつけた部分の一部を面積を変えずに移動させることができる。**

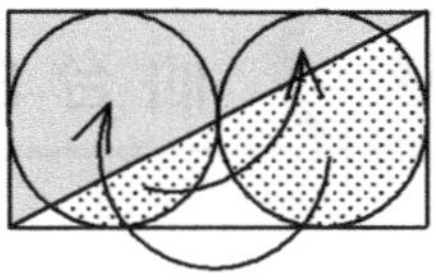

直角三角形の面積を求めればよいから，４×８÷２＝**16**(㎠)

⑻　**【解き方】色をつけた部分２つぶんの面積，つまり，色をつけた部分の面積の半分は，正方形の面積から，右図の太線のおうぎ形の面積を引くと求めることができる。**

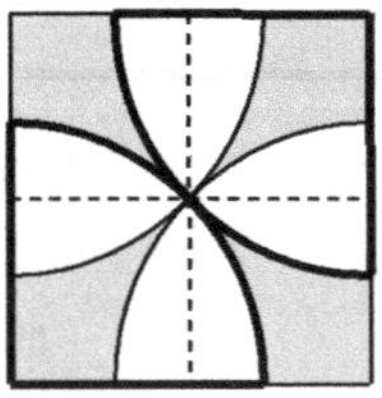

円の半径が 10 ㎝だから，正方形の対角線の長さは，10×２＝20(㎝)である。

正方形はひし形でもあるから，(対角線)×(対角線)÷２で面積を求められるので，

正方形の面積は，20×20÷２＝200(㎠)

太線のおうぎ形２つの面積の和は，半径 10 ㎝の半円の面積と等しいから，$10\times10\times3.14\times\frac{1}{2}=50\times3.14$(㎠)

よって，求める面積は，(200－50×3.14)×２＝400－100×3.14＝400－314＝**86**(㎠)

3　⑴　**【解き方】代金は(１個あたりの値段)×(個数)だから，１個あたりの値段の比と個数の比をかけあわせる。**

みかんとりんごの代金の比は，(１×２)：(３×１)＝**２：３**

⑵　⑴より，代金が 1000 円のときのみかんの代金は，$1000\times\frac{2}{2+3}=400$(円)

よって，みかん１個あたりの値段は，400÷８＝50(円)だから，りんご１個あたりの値段は，50×３＝**150**(円)

4　⑴　カレンダーで上下に並んでいる数の差は７だから，xのすぐ下の数はx＋７と表せる。

右下の数はその右どなりだから，x＋７＋１＝**x＋８**と表せる。

⑵　**【解き方】左上の数をxとすると，右上の数はx＋１，左下の数はx＋７，右下の数はx＋８と表せる。**

４つの数の和は，x＋(x＋１)＋(x＋７)＋(x＋８)＝x×４＋16 と表せる。これが 100 になるとき，

x×４＝100－16　　x＝84÷４＝**21**

⑶　**【解き方】１年は 365 日であり，365÷７＝52 余り１より，１年後の同じ日の曜日は１つあとの曜日となる。ただし，うるう年の２月 29 日をまたぐ場合は，２つあとの曜日となる。**

2022 年 12 月 31 日が土曜日だから，2023 年 12 月 31 日はその１つあとの日曜日となる。

よって，2024 年１月１日は**月**曜日である。

5　⑴　**【解き方】色がぬられていない積み木は，内部にある積み木である。**

積み木を重ねて作った大きな立方体は１辺に４個の積み木が並ぶから，色がぬられていない内部にある積み木は，１辺に積み木が４－２＝２(個)並ぶ立方体の形をしている。よって，求める個数は，２×２×２＝**８**(個)

⑵　**【解き方】使う積み木の個数ごとに場合を分けて考える。個数が同じ直方体(立方体も直方体と考える)については表面積を考える。表面積は，(１個の表面積)×(個数)－(積み上げるときにかくれる面の表面積)で求められるから，積み上げるときにかくれる面の数が異なれば表面積も異なる。**

８個の積み木を使う場合，体積が８㎤になるから，作ることができる直方体の縦・横・高さの組み合わせは，積が８になる３つの整数の組み合わせなので，①(８，１，１)，②(４，２，１)，③(２，２，２)の３通りある。

それぞれ右の図①～③のようになるので，かくれる面の数は，

①が７×２＝14，②が 10×２＝20，③が 12×２＝24 だから，

表面積はすべて異なる。

図①

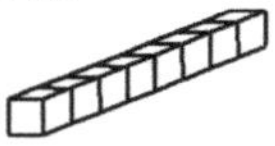

図②

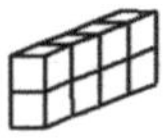

図③

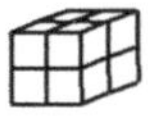

７個の積み木を使う場合，作ることができる直方体の縦・横・高さの組み合わせは，(７，１，１)の１通りある。

６個の積み木を使う場合，④(６，１，１)，⑤(３，２，１)の２通りある(図④，⑤)。

図④

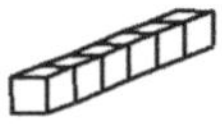

図⑤

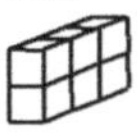

かくれる面の数は，④が５×２＝10，⑤が７×２＝14 だから，表面積は異なる。

５個の積み木を使う場合，（５，１，１）の１通りある。

４個の積み木を使う場合，⑥（４，１，１），⑦（２，２，１）の２通りある(図⑥，⑦)。

図⑥

図⑦

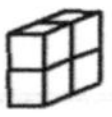

かくれる面の数は，⑥が３×２＝６，⑦が４×２＝８だから，表面積は異なる。

３個の積み木を使う場合，（３，１，１）の１通りある。

２個の積み木を使う場合，（２，１，１）の１通りある。１個の積み木を使う場合，（１，１，１）の１通りある。

よって，作ることができる立体の種類は全部で，３＋１＋２＋１＋２＋１＋１＋１＝**12(種類)**

6 (1) **【解き方】水そう内の空間に右図のように記号をおく(図は正面から見た図)。水は㋐→㋑→㋒→㋓→㋔の順に入る。**

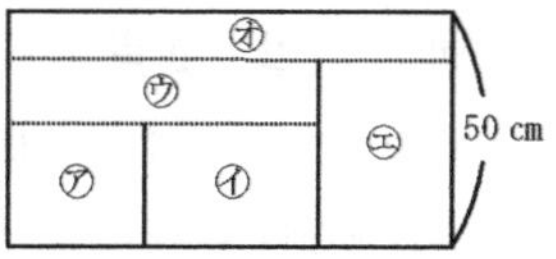

グラフより，100 秒のときに㋐がいっぱいになったのだから，㋐の容積は，

250×100＝25000(cm³)である。㋐の高さはグラフより 25 cm，底面の横の長さは

40 cmだから，$AB=\frac{25000}{25\times40}=$**25(cm)**

(2) **【解き方】グラフより，220 秒のときに㋑がいっぱいになり，396 秒のときに㋒がいっぱいになったとわかる。㋐，㋑を合わせた部分と，㋐，㋑，㋒を合わせた部分は底面積が等しいから，高さは水を入れるのにかかった時間に比例する。**

㋐と㋑を合わせた部分に水を入れるのにかかった時間は 220 秒，㋐，㋑，㋒を合わせた部分に水を入れるのにかかった時間は 396 秒だから，高さの比は 220：396＝５：９である。

㋐と㋑を合わせた部分の高さは 25 cmだから，㋐，㋑，㋒を合わせた部分の高さは，$25\times\frac{9}{5}=45$(cm)

よって，仕切り板②の高さは **45 cm**である。

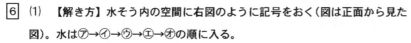

仙台白百合学園中学校

《国　語》

［一］　問一．①支　②独特　③急　④枝　⑤発達　問二．イ　問三．いかく　問四．ウ　問五．エ

問六．バランス感覚　問七．イ　問八．ウ，オ　問九．栄養／それを食べるほかの動物がいない

問十．地上に下りて骨を両手で持つようになったから。

［二］　問一．①勢　②声　③様子　④表情　⑤呼吸　問二．ウ　問三．成美が捨て大将だということ。

問四．前のほうに　問五．イ　問六．イ　問七．エ　問八．エ　問九．ア　問十．剣道の中にはさまざまな強さがあることや、勝ち負けがすべてではないということ。

《算　数》

1　(1)272　(2)26　(3)10.8　(4)350　(5)$3\frac{11}{60}$　(6)5.3

2　(1)60　(2)48　(3)37　(4)45　(5)100　(6)150　(7)77.5

3　(1)８　(2)５

4　(1)10　(2)56

5　(1)50　(2)157

6　(1)512　(2)984

【算数の解説】

1　(2)　与式＝54－28＝26

(4)　与式＝35×(24－14)＝35×10＝350

(5)　与式＝$2\frac{3}{5}-\frac{7}{6}+\frac{7}{4}=2\frac{3}{5}-\frac{14}{12}+\frac{21}{12}=2\frac{3}{5}+\frac{7}{12}=2\frac{36}{60}+\frac{35}{60}=2\frac{71}{60}=3\frac{11}{60}$

(6)　与式＝$8-\frac{24}{10}\times(\frac{12}{8}-\frac{3}{8})=8-\frac{12}{5}\times\frac{9}{8}=8-\frac{27}{10}=8-2.7=5.3$

2　(1)　24の約数は，{1，2，3，4，6，8，12，24}だから，１＋２＋３＋４＋６＋８＋12＋24＝60

(2)　**【解き方】わり算のあまりは，わる数より小さくなるから，７でわったときのあまりは６以下になる。**

商とあまりが６になるときが最も大きくなるから，求める数は，７×６＋６＝48

(3)　**【解き方】最初の日に□ページ読んだとすると，２日目は(□＋１)ページ，３日目は(□＋２)ページ，…，７日目は(□＋６)ページを読んだことになる。**

７日間に読んだページ数の合計は，□＋(□＋１)＋(□＋２)＋(□＋３)＋(□＋４)＋(□＋５)＋(□＋６)＝□×７＋21(ページ)になる。よって，(□×７)ページは，280－21＝259(ページ)にあたるから，最初の日に読んだのは，259÷７＝37(ページ)

(4)　**【解き方】はじめにコップに入っていたジュースの重さを求める。**

コップに入っていたジュースの30%の重さは，195－150＝45(g)だから，コップに入っていたジュースは，45÷0.30＝150(g)である。よって，コップだけの重さは，195－150＝45(g)

(5)　**【解き方】同じ道のりを進むときにかかる時間の比は，速さの逆比に等しい。**

ＡとＢの速さの比は50：60＝５：６だから，ＰＱ間にかかる時間の比は６：５になる。比の数の差の６－５＝１

が20分＝$\frac{20}{60}$時間＝$\frac{1}{3}$時間にあたるから，ＰＱ間の道のりは，Ｂが$\frac{1}{3}\times 5=\frac{5}{3}$(時間)に進んだ道のりに等しく，

$60\times\frac{5}{3}=100$(km)

⑹　**【解き方】長方形のたて１辺と横１辺の長さの和は50÷２＝25(cm)である。**

たてを３cm長くし，横を２cm短くすると，同じ長さになったから，たては横より，３＋２＝５(cm)短い。

よって，長方形のたての長さは，(25－５)÷２＝10(cm)，横の長さは25－10＝15(cm)になるから，

もとの長方形の面積は，10×15＝150(cm²)

⑺　**【解き方】かげのついていない部分の面積を引けばよい。**

かげのついていない部分の面積は，底辺が６＋７＝13(cm)，高さが５cmの三角形だから，13×５÷２＝32.5(cm²)

よって，求める面積は，５×５＋６×６＋７×７－32.5＝77.5(cm²)

3　⑴　100×0.08＝８(ｇ)

⑵　**【解き方】２つの食塩水にふくまれる食塩の重さの合計を求める。**

Ｂの食塩水には，100×0.02＝２(ｇ)の食塩がふくまれるから，ＡとＢの食塩水を混ぜると，

食塩を８＋２＝10(ｇ)ふくんだ，100＋100＝200(ｇ)の食塩水ができる。その濃《こ》さは，$\frac{10}{200}\times 100=5$(%)

4　⑴　**【解き方】動き始めてから５秒間は，東に進んでいる。**

東に２×５＝10(m)はなれたところにいる。

⑵　**【解き方】５＋２＝７(秒)を１つの周期として考える。**

５秒進んで２秒もどると，７秒後には，東に10－２×２＝６(m)はなれたところに移動する。

60÷７＝８あまり４より，７×８＝56(秒後)には，東に６×８＝48(m)のところにいる。ここから４秒間は東に

２×４＝８(m)進むから，１分後には，スタート地点から，48＋８＝56(m)はなれたところにいる。

5　⑴　**【解き方】正方形の面積を，ひし形の面積の公式で求める。**

対角線の長さが10cmだから，面積は，10×10÷２＝50(cm²)

⑵　**【解き方】22枚を並べると，重なっている正方形は22－１＝21(か所)ある。**

10×22－３×21＝157(cm)

6　⑴　８×８×８＝512(cm³)

⑵　**【解き方】切り取った直方体は，たてが８－６＝２(cm)，横が８－４＝４(cm)，高さが８－３＝５(cm)である。**

512×２－２×４×５＝1024－40＝984(cm³)

2021 解答例 令和3年度　仙台白百合学園中学校

《国　語》

［一］　問一．①報告　②過　③練習　④投　⑤日常　　問二．四苦　　問三．イ　　問四．Ⅰ．相手の知りたい　Ⅱ．自分が言いたい　　問五．相手を思いやることが大切だという点。　　問六．エ　　問七．相手にとって読みやすく、理解しやすい文章　　問八．相手　　問九．ウ　　問十．Ⅰ．客観的な事柄　Ⅱ．性格や置かれている状況

［二］　問一．①群　②横　③泣　④平　⑤照　　問二．世の中はよ　　問三．ア　　問四．(b)　　問五．自転車のおにいさん　　問六．ア　　問七．ウ　　問八．ウ　　問九．運命の女神　　問十．ア　　問十一．エ　
問十二．おにいさんに傘を渡したら、おにいさんが指でありがとうと書いてくれたこと。　　問十三．イ，エ

《算　数》

1　(1)378　(2)21　(3)0.15　(4)1950　(5)$\frac{13}{60}$　(6)$11\frac{2}{3}$

2　(1)0.056　(2)$\frac{17}{12}$　(3)9　(4)3600　(5)80.4　(6)4197　(7)40　(8)62.8

3　(1)480　(2)1440

4　(1)17　(2)(1＋2×x)本　(3)49，2

5　(1)B，78　(2)1，10

6　(1)60　(2)24

【算数の解説】

1　(2)　与式＝25－4＝21

(3)　右の筆算参照

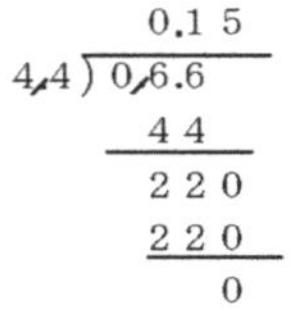

(4)　与式＝65×(36－6)＝65×30＝1950

(5)　与式＝$\frac{48}{60}+\frac{45}{60}-1\frac{20}{60}=\frac{93}{60}-\frac{80}{60}=\frac{13}{60}$

(6)　与式＝$(\frac{10}{27}\times\frac{9}{20}+4)\times\frac{28}{10}=(\frac{1}{6}+4)\times\frac{14}{5}=\frac{25}{6}\times\frac{14}{5}=\frac{35}{3}=11\frac{2}{3}$

2　(1)　1m＝100㎝＝(100×10)㎜＝1000㎜だから，56㎜＝$\frac{56}{1000}$m＝0.056m

(2)　3の倍数は各位の数の和が3の倍数になることから，3で約分できるとわかるので，$\frac{561}{396}=\frac{561\div3}{396\div3}=\frac{187}{132}$
さらに11で約分できるので，$\frac{187}{132}=\frac{187\div11}{132\div11}=\frac{17}{12}$

(3)　**【解き方】かみ合っている歯車において，(歯数)×(回転数)はつねに等しくなる。**
歯車Aが4回転するとき，(歯数)×(回転数)は30×4＝120となるから，歯車Bの歯数は，120÷3＝40
歯車Aが12回転するとき，(歯数)×(回転数)は30×12＝360となるから，歯車Bは，360÷40＝9(回転)する。

(4)　持っていたお金に0.3をかけると1080円になるから，はじめに持っていたお金は，1080÷0.3＝3600(円)

(5)　女子12人の合計点は，82×12＝984(点)，男子8人の合計点は，78×8＝624(点)
よって，クラス12＋8＝20(人)の合計点は，984＋624＝1608(点)で，平均点は，1608÷20＝80.4(点)

(6)　一番大きい偶数は5432，一番小さい奇数は1235である。よって，求める差は，5432－1235＝4197

⑺ **【解き方】折り返したとき重なる角は大きさが等しいことを利用する。**

右図のように記号をおく。

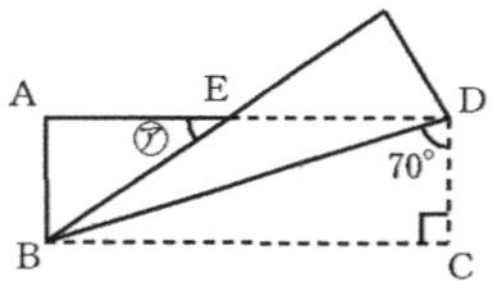

三角形ＢＣＤの内角の和より，角ＤＢＣ＝180°－90°－70°＝20°

折り返したとき重なるから，角ＤＢＥ＝角ＤＢＣ＝20°

ＡＤとＢＣは平行で錯角が等しいから，角㋐＝角ＥＢＣ＝20°＋20°＝40°

⑻ **【解き方】求める長さは，直径 12 cmの半円の曲線部分，直径 8 cmの半円の曲線部分，直径 12＋8＝20(cm)の半円の曲線部分の長さの和である。**

$12\times3.14\div2+8\times3.14\div2+20\times3.14\div2=(12+8+20)\times\frac{1}{2}\times3.14=20\times3.14=62.8$(cm)

3 ⑴ 弟の持っているお金は兄の$\frac{3}{5}$だから，$800\times\frac{3}{5}=480$(円)

⑵ **【解き方】おこづかいをもらう前と後で，兄と弟の持っているお金の差はかわらないことを利用する。**

おこづかいをもらったあとの兄の持っているお金を⑦，弟の持っているお金を⑥とすると，２人の持っているお金の差はおこづかいをもらう前とかわらないから，⑦－⑥＝①が 800－480＝320(円)にあたる。

よって，⑦＝320×$\frac{⑦}{①}$＝2240(円)で，もらったおこづかいは，2240－800＝1440(円)

4 ⑴ **【解き方】棒の本数は，正三角形が１個のとき３本，２個のとき５本，３個のとき７本，…のように，２本ずつ増えていく。**

８個のときは１個のときから，２×(８－１)＝14(本)増えて，３＋14＝17(本)である。

⑵ ⑴より，正三角形がx個のとき必要な棒の本数は，$3+2\times(x-1)=3+2\times x-2=1+2\times x$(本)

⑶ **【解き方】棒の本数は，正方形が１個のとき４本で，そのあと正方形が１個増えるごとに３本増える。**

棒が 150 本のとき，１個目の正方形で４本使い，残り 150－４＝146(本)で正方形を増やすと，146÷３＝48 余り２より，48 個できて２本余る。よって，正方形は全部で１＋48＝49(個)できて，棒は２本余る。

5 ⑴ Ａの管は 30 分で 3.2×30＝96(Ｌ)，Ｂの管は 30 分で 348÷２＝174(Ｌ)の水が入るから，Ｂの管が，174－96＝78(Ｌ)多い。

⑵ **【解き方】Ａ，Ｂ，Ｃすべての管を使うと，１分でどれだけ水そうの水の量がかわるかを考える。**

１分あたり，Ａの管から 3.2Ｌ，Ｂの管から 348÷60＝5.8(Ｌ)の水が入り，Ｃの管から 1.8Ｌの水が出るから，水そう全体では，3.2＋5.8－1.8＝7.2(Ｌ)ずつ水が増える。540－36＝504(Ｌ)の水がたまるまでにかかる時間は，504÷7.2＝70(分)だから，求める時間は，１時間 10 分である。

6 ⑴ **【解き方】展開図の面積は，直角三角形ＡＢＣの面積の２倍と，側面の長方形の面積の和である。**

直角三角形ＡＢＣの面積は，３×４÷２＝６(cm²)　側面の長方形は，縦の長さが４cm，横の長さがＡＢ＋ＢＣ＋ＣＡ＝３＋５＋４＝12(cm)だから，面積は４×12＝48(cm²)

よって，展開図の面積は，６×２＋48＝60(cm²)

⑵ **【解き方】角柱の体積は，(底面積)×(高さ)で求められる。**

三角形ＡＢＣの面積が６cm²，三角柱の高さがＣＦ＝４cmだから，体積は，６×４＝24(cm³)

■ ご使用にあたってのお願い・ご注意

（1）問題文等の非掲載

著作権上の都合により，問題文や図表などの一部を掲載できない場合があります。

誠に申し訳ございませんが，ご了承くださいますようお願いいたします。

（2）過去問における時事性

過去問題集は，学習指導要領の改訂や社会状況の変化，新たな発見などにより，現在とは異なる表記や解説になっている場合があります。過去問の特性上，出題当時のままで出版していますので，あらかじめご了承ください。

（3）配点

学校等から配点が公表されている場合は，記載しています。公表されていない場合は，記載していません。

独自の予想配点は，出題者の意図と異なる場合があり，お客様が学習するうえで誤った判断をしてしまう恐れがあるため記載していません。

（4）無断複製等の禁止

購入された個人のお客様が，ご家庭でご自身またはご家族の学習のためにコピーをすることは可能ですが，それ以外の目的でコピー，スキャン，転載（ブログ，ＳＮＳなどでの公開を含みます）などをすることは法律により禁止されています。学校や学習塾などで，児童生徒のためにコピーをして使用することも法律により禁止されています。

ご不明な点や，違法な疑いのある行為を確認された場合は，弊社までご連絡ください。

（5）けがに注意

この問題集は針を外して使用します。針を外すときは，けがをしないように注意してください。また，表紙カバーや問題用紙の端で手指を傷つけないように十分注意してください。

（6）正誤

制作には万全を期しておりますが，万が一誤りなどがございましたら，弊社までご連絡ください。

なお，誤りが判明した場合は，弊社ウェブサイトの「ご購入者様のページ」に掲載しておりますので，そちらもご確認ください。

■ お問い合わせ

解答例，解説，印刷，製本など，問題集発行におけるすべての責任は弊社にあります。

ご不明な点がございましたら，弊社ウェブサイトの「お問い合わせ」フォームよりご連絡ください。迅速に対応いたしますが，営業日の都合で回答に数日を要する場合があります。

ご入力いただいたメールアドレス宛に自動返信メールをお送りしています。自動返信メールが届かない場合は，「よくある質問」の「メールの問い合わせに対し返信がありません。」の項目をご確認ください。

また弊社営業日（平日）は，午前９時から午後５時まで，電話でのお問い合わせも受け付けています。

2025春

株式会社教英出版

〒422-8054　静岡県静岡市駿河区南安倍３丁目 12-28

TEL　054-288-2131　　FAX　054-288-2133

URL　https://kyoei-syuppan.net/

MAIL　siteform@kyoei-syuppan.net

教英出版の中学受験対策

中学受験面接の基本がここに！
知っておくべき面接試問の要領

面接試験に，落ち着いて自信をもってのぞむためには，あらかじめ十分な準備をしておく必要があります。面接の心得や，受験生と保護者それぞれへの試問例など，面接対策に必要な知識を１冊にまとめました。

- 面接の形式や評価のポイント，マナー，当日までの準備など，面接の基本をていねいに指南「面接はこわくない！」
- 書き込み式なので，質問例に対する自分の答えを整理して本番直前まで使える
- ウェブサイトで質問音声による面接のシミュレーションができる

定価：770円（本体700円+税）

入試テクニックシリーズ

必修編

基本をおさえて実力アップ！
1冊で入試の全範囲を学べる！
基礎力養成に最適！

こんな受験生には必修編がおすすめ！

- 入試レベルの問題を解きたい
- 学校の勉強とのちがいを知りたい
- 入試問題を解く基礎力を固めたい

定価：1,100円（本体1,000+税）

発展編

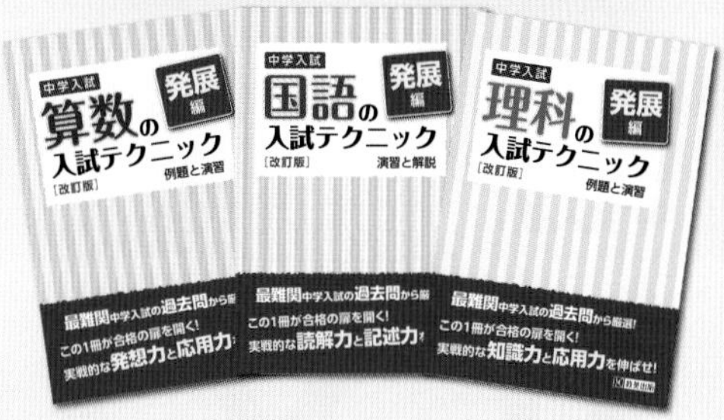

応用力強化で合格をつかむ！
有名私立中の問題で
最適な解き方を学べる！

こんな受験生には発展編がおすすめ！

- もっと難しい問題を解きたい
- 難関中学校をめざしている
- 子どもに難問の解法を教えたい

定価：1,760円（本体1,600+税）

絶賛販売中！

詳しくは教英出版で検索

教英出版　検索

URL https://kyoei-syuppan.net/

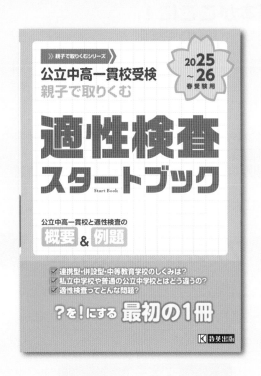

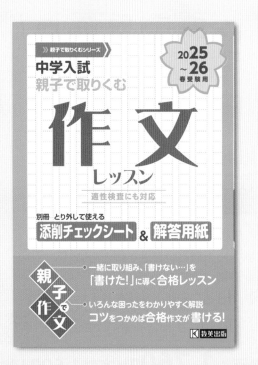

教英出版　2025年春受験用　中学入試問題集

学校別問題集

✿はカラー問題対応

北海道

①[市立]札幌開成中等教育学校
②藤女子中学校
③北嶺中学校
④北星学園女子中学校
⑤札幌大谷中学校
⑥札幌光星中学校
⑦立命館慶祥中学校
⑧函館ラ・サール中学校

青森県

①[県立]三本木高等学校附属中学校

岩手県

①[県立]一関第一高等学校附属中学校

宮城県

①[県立]宮城県古川黎明中学校
②[県立]宮城県仙台二華中学校
③[市立]仙台青陵中等教育学校
④東北学院中学校
⑤仙台白百合学園中学校
⑥聖ウルスラ学院英智中学校
⑦宮城学院中学校
⑧秀光中学校
⑨古川学園中学校

秋田県

①[県立]
大館国際情報学院中学校
秋田南高等学校中等部
横手清陵学院中学校

山形県

①[県立]
東桜学館中学校
致道館中学校

福島県

①[県立]
会津学鳳中学校
ふたば未来学園中学校

茨城県

①[県立]
日立第一高等学校附属中学校
太田第一高等学校附属中学校
水戸第一高等学校附属中学校
鉾田第一高等学校附属中学校
鹿島高等学校附属中学校
土浦第一高等学校附属中学校
竜ヶ崎第一高等学校附属中学校
下館第一高等学校附属中学校
下妻第一高等学校附属中学校
水海道第一高等学校附属中学校
勝田中等教育学校
並木中等教育学校
古河中等教育学校

栃木県

①[県立]
宇都宮東高等学校附属中学校
佐野高等学校附属中学校
矢板東高等学校附属中学校

群馬県

①
[県立]中央中等教育学校
[市立]四ツ葉学園中等教育学校
[市立]太田中学校

埼玉県

①[県立]伊奈学園中学校
②[市立]浦和中学校
③[市立]大宮国際中等教育学校
④[市立]川口市立高等学校附属中学校

千葉県

①[県立]
千葉中学校
東葛飾中学校
②[市立]稲毛国際中等教育学校

東京都

①[国立]筑波大学附属駒場中学校
②[都立]白鷗高等学校附属中学校
③[都立]桜修館中等教育学校
④[都立]小石川中等教育学校
⑤[都立]両国高等学校附属中学校
⑥[都立]立川国際中等教育学校
⑦[都立]武蔵高等学校附属中学校
⑧[都立]大泉高等学校附属中学校
⑨[都立]富士高等学校附属中学校
⑩[都立]三鷹中等教育学校
⑪[都立]南多摩中等教育学校
⑫[区立]九段中等教育学校
⑬開成中学校
⑭麻布中学校
⑮桜蔭中学校
⑯女子学院中学校
✿⑰豊島岡女子学園中学校
⑱東京都市大学等々力中学校
⑲世田谷学園中学校
✿⑳広尾学園中学校(第2回)
✿㉑広尾学園中学校(医進・サイエンス回)
㉒渋谷教育学園渋谷中学校(第1回)
㉓渋谷教育学園渋谷中学校(第2回)
㉔東京農業大学第一高等学校中等部(2月1日 午後)
㉕東京農業大学第一高等学校中等部(2月2日 午後)

神奈川県

①［県立］
- 相模原中等教育学校
- 平塚中等教育学校

②［市立］南高等学校附属中学校
③［市立］横浜サイエンスフロンティア高等学校附属中学校
④［市立］川崎高等学校附属中学校
✿⑤聖光学院中学校
✿⑥浅野中学校
⑦洗足学園中学校
⑧法政大学第二中学校
⑨逗子開成中学校（1次）
⑩逗子開成中学校（2·3次）
⑪神奈川大学附属中学校（第1回）
⑫神奈川大学附属中学校（第2·3回）
⑬栄光学園中学校
⑭フェリス女学院中学校

新潟県

①［県立］
- 村上中等教育学校
- 柏崎翔洋中等教育学校
- 燕中等教育学校
- 津南中等教育学校
- 直江津中等教育学校
- 佐渡中等教育学校

②［市立］高志中等教育学校
③新潟第一中学校
④新潟明訓中学校

石川県

①［県立］金沢錦丘中学校
②星稜中学校

福井県

①［県立］高志中学校

山梨県

①山梨英和中学校
②山梨学院中学校
③駿台甲府中学校

長野県

①［県立］
- 屋代高等学校附属中学校
- 諏訪清陵高等学校附属中学校

②［市立］長野中学校

岐阜県

①岐阜東中学校
②鶯谷中学校
③岐阜聖徳学園大学附属中学校

静岡県

①［国立］静岡大学教育学部附属中学校（静岡·島田·浜松）

②
- ［県立］清水南高等学校中等部
- ［県立］浜松西高等学校中等部
- ［市立］沼津高等学校中等部

③不二聖心女子学院中学校
④日本大学三島中学校
⑤加藤学園暁秀中学校
⑥星陵中学校
⑦東海大学付属静岡翔洋高等学校中等部
⑧静岡サレジオ中学校
⑨静岡英和女学院中学校
⑩静岡雙葉中学校
⑪静岡聖光学院中学校
⑫静岡学園中学校
⑬静岡大成中学校
⑭城南静岡中学校
⑮静岡北中学校

⑯
- 常葉大学附属常葉中学校
- 常葉大学附属橘中学校
- 常葉大学附属菊川中学校

⑰藤枝明誠中学校
⑱浜松開誠館中学校
⑲静岡県西遠女子学園中学校
⑳浜松日体中学校
㉑浜松学芸中学校

愛知県

①［国立］愛知教育大学附属名古屋中学校
②愛知淑徳中学校

③
- 名古屋経済大学市邨中学校
- 名古屋経済大学高蔵中学校

④金城学院中学校
⑤椙山女学園中学校
⑥東海中学校
⑦南山中学校男子部
⑧南山中学校女子部
⑨聖霊中学校
⑩滝中学校
⑪名古屋中学校
⑫大成中学校
⑬愛知中学校
⑭星城中学校
⑮名古屋葵大学中学校
（名古屋女子大学中学校）
⑯愛知工業大学名電中学校
⑰海陽中等教育学校（特別給費生）
⑱海陽中等教育学校（I·II）
⑲中部大学春日丘中学校
新刊⑳名古屋国際中学校

三重県

①［国立］三重大学教育学部附属中学校
②暁中学校
③海星中学校
④四日市メリノール学院中学校
⑤高田中学校
⑥セントヨゼフ女子学園中学校
⑦三重中学校
⑧皇學館中学校
⑨鈴鹿中等教育学校
⑩津田学園中学校

滋賀県

①［国立］滋賀大学教育学部附属中学校

②［県立］
- 河瀬中学校
- 守山中学校
- 水口東中学校

京都府

①［国立］京都教育大学附属桃山中学校
②［府立］洛北高等学校附属中学校
③［府立］園部高等学校附属中学校
④［府立］福知山高等学校附属中学校
⑤［府立］南陽高等学校附属中学校
⑥［市立］西京高等学校附属中学校
⑦同志社中学校
⑧洛星中学校
⑨洛南高等学校附属中学校
⑩立命館中学校
⑪同志社国際中学校
⑫同志社女子中学校（前期日程）
⑬同志社女子中学校（後期日程）

大阪府

①［国立］大阪教育大学附属天王寺中学校
②［国立］大阪教育大学附属平野中学校
③［国立］大阪教育大学附属池田中学校

④[府立]富田林中学校
⑤[府立]咲くやこの花中学校
⑥[府立]水都国際中学校
⑦清風中学校
⑧高槻中学校（A日程）
⑨高槻中学校（B日程）
⑩明星中学校
⑪大阪女学院中学校
⑫大谷中学校
⑬四天王寺中学校
⑭帝塚山学院中学校
⑮大阪国際中学校
⑯大阪桐蔭中学校
⑰開明中学校
⑱関西大学第一中学校
⑲近畿大学附属中学校
⑳金蘭千里中学校
㉑金光八尾中学校
㉒清風南海中学校
㉓帝塚山学院泉ヶ丘中学校
㉔同志社香里中学校
㉕初芝立命館中学校
㉖関西大学中等部
㉗大阪星光学院中学校

兵庫県

①[国立]神戸大学附属中等教育学校
②[県立]兵庫県立大学附属中学校
③雲雀丘学園中学校
④関西学院中学部
⑤神戸女学院中学部
⑥甲陽学院中学校
⑦甲南中学校
⑧甲南女子中学校
⑨灘中学校
⑩親和中学校
⑪神戸海星女子学院中学校
⑫滝川中学校
⑬啓明学院中学校
⑭三田学園中学校
⑮淳心学院中学校
⑯仁川学院中学校
⑰六甲学院中学校
⑱須磨学園中学校(第1回入試)
⑲須磨学園中学校(第2回入試)
⑳須磨学園中学校(第3回入試)
㉑白陵中学校
㉒夙川中学校

奈良県

①[国立]奈良女子大学附属中等教育学校
②[国立]奈良教育大学附属中学校
③[県立]国際中学校
青翔中学校
④[市立]一条高等学校附属中学校
⑤帝塚山中学校
⑥東大寺学園中学校
⑦奈良学園中学校
⑧西大和学園中学校

和歌山県

①[県立]古佐田丘中学校
向陽中学校
桐蔭中学校
日高高等学校附属中学校
田辺中学校
②智辯学園和歌山中学校
③近畿大学附属和歌山中学校
④開智中学校

岡山県

①[県立]岡山操山中学校
②[県立]倉敷天城中学校
③[県立]岡山大安寺中等教育学校
④[県立]津山中学校
⑤岡山中学校
⑥清心中学校
⑦岡山白陵中学校
⑧金光学園中学校
⑨就実中学校
⑩岡山理科大学附属中学校
⑪山陽学園中学校

広島県

①[国立]広島大学附属中学校
②[国立]広島大学附属福山中学校
③[県立]広島中学校
④[県立]三次中学校
⑤[県立]広島叡智学園中学校
⑥[市立]広島中等教育学校
⑦[市立]福山中学校
⑧広島学院中学校
⑨広島女学院中学校
⑩修道中学校
⑪崇徳中学校
⑫比治山女子中学校
⑬福山暁の星女子中学校
⑭安田女子中学校
⑮広島なぎさ中学校
⑯広島城北中学校
⑰近畿大学附属広島中学校福山校
⑱盈進中学校
⑲如水館中学校
⑳ノートルダム清心中学校
㉑銀河学院中学校
㉒近畿大学附属広島中学校東広島校
㉓AICJ中学校
㉔広島国際学院中学校
㉕広島修道大学ひろしま協創中学校

山口県

①[県立]下関中等教育学校
高森みどり中学校
②野田学園中学校

徳島県

①[県立]富岡東中学校
川島中学校
城ノ内中等教育学校
②徳島文理中学校

香川県

①大手前丸亀中学校
②香川誠陵中学校

愛媛県

①[県立]今治東中等教育学校
松山西中等教育学校
②愛光中学校
③済美平成中等教育学校
④新田青雲中等教育学校

高知県

①[県立]安芸中学校
高知国際中学校
中村中学校

福岡県

①［国立］福岡教育大学附属中学校（福岡・小倉・久留米）
②［県立］
- 育徳館中学校
- 門司学園中学校
- 宗像中学校
- 嘉穂高等学校附属中学校
- 輝翔館中等教育学校

③西南学院中学校
④上智福岡中学校
⑤福岡女学院中学校
⑥福岡雙葉中学校
⑦照曜館中学校
⑧筑紫女学園中学校
⑨敬愛中学校
⑩久留米大学附設中学校
⑪飯塚日新館中学校
⑫明治学園中学校
⑬小倉日新館中学校
⑭久留米信愛中学校
⑮中村学園女子中学校
⑯福岡大学附属大濠中学校
⑰筑陽学園中学校
⑱九州国際大学付属中学校
⑲博多女子中学校
⑳東福岡自彊館中学校
㉑八女学院中学校

佐賀県

①［県立］
- 香楠中学校
- 致遠館中学校
- 唐津東中学校
- 武雄青陵中学校

②弘学館中学校
③東明館中学校
④佐賀清和中学校
⑤成穎中学校
⑥早稲田佐賀中学校

長崎県

①［県立］
- 長崎東中学校
- 佐世保北中学校
- 諫早高等学校附属中学校

②青雲中学校
③長崎南山中学校
④長崎日本大学中学校
⑤海星中学校

熊本県

①［県立］
- 玉名高等学校附属中学校
- 宇土中学校
- 八代中学校

②真和中学校
③九州学院中学校
④ルーテル学院中学校
⑤熊本信愛女学院中学校
⑥熊本マリスト学園中学校
⑦熊本学園大学付属中学校

大分県

①［県立］大分豊府中学校
②岩田中学校

宮崎県

①［県立］五ヶ瀬中等教育学校
②［県立］
- 宮崎西高等学校附属中学校
- 都城泉ヶ丘高等学校附属中学校

③宮崎日本大学中学校
④日向学院中学校
⑤宮崎第一中学校

鹿児島県

①［県立］楠隼中学校
②［市立］鹿児島玉龍中学校
③鹿児島修学館中学校
④ラ・サール中学校
⑤志學館中等部

沖縄県

①［県立］
- 与勝緑が丘中学校
- 開邦中学校
- 球陽中学校
- 名護高等学校附属桜中学校

もっと過去問シリーズ

北海道

北嶺中学校
7年分（算数・理科・社会）

静岡県

静岡大学教育学部附属中学校
（静岡・島田・浜松）
10年分（算数）

愛知県

愛知淑徳中学校
7年分（算数・理科・社会）
東海中学校
7年分（算数・理科・社会）
南山中学校男子部
7年分（算数・理科・社会）
南山中学校女子部
7年分（算数・理科・社会）
滝中学校
7年分（算数・理科・社会）
名古屋中学校
7年分（算数・理科・社会）

岡山県

岡山白陵中学校
7年分（算数・理科）

広島県

広島大学附属中学校
7年分（算数・理科・社会）
広島大学附属福山中学校
7年分（算数・理科・社会）
広島学院中学校
7年分（算数・理科・社会）
広島女学院中学校
7年分（算数・理科・社会）
修道中学校
7年分（算数・理科・社会）
ノートルダム清心中学校
7年分（算数・理科・社会）

愛媛県

愛光中学校
7年分（算数・理科・社会）

福岡県

福岡教育大学附属中学校
（福岡・小倉・久留米）
7年分（算数・理科・社会）
西南学院中学校
7年分（算数・理科・社会）
久留米大学附設中学校
7年分（算数・理科・社会）
福岡大学附属大濠中学校
7年分（算数・理科・社会）

佐賀県

早稲田佐賀中学校
7年分（算数・理科・社会）

長崎県

青雲中学校
7年分（算数・理科・社会）

鹿児島県

ラ・サール中学校
7年分（算数・理科・社会）

※もっと過去問シリーズは
国語の収録はありません。

教英出版
〒422-8054
静岡県静岡市駿河区南安倍3丁目12−28
TEL 054-288-2131
FAX 054-288-2133
詳しくは教英出版で検索
教英出版 検索
URL https://kyoei-syuppan.net/

受験番号		得点		小計	

（名前は書かないこと）

令和四年度　仙台白百合学園中学校

国語（その一）

（45分）

※100点満点
（配点非公表）

［一］　次の文章を読んで、あとの問いに答えなさい。

立ち上がるだけなら、いろいろな動物たちがいる。［　A　］、クマは敵を見ると立ち上がっていかくする。リスは両手に食べ物を持って立ちあがる。プレリードッグやミーアキャットは、あたりを見まわすときに立ち上がるし、レッサーパンダも少しは立って歩くことができる。

1ときどき、立ち上がることがあるこれらの動物たちにくらべると、カンガルーはいつも立ってはいるけれど、体を①ささえるのは二本の足と太い尾《お》の三点で、しかも両足をそろえてジャンプするだけだ。

アフリカのサハラ砂漠《さばく》にすむヨツユビトビネズミは、「埼玉県こども動物自然公園」で見られるから、その②どくとくの歩き方を見てほしい。すらりと伸《の》びた足で立つと、ヨツユビトビネズミはとても優雅《ゆうが》だ。二本足で歩くときは、長いシッポがバランスをとる役目をはたしている。そして、③いそぐとまるでカンガルーのようにピョンピョンと跳《と》んでゆく。

多くの学者たちは、人類が立ったのもこういう動物たちと同じことではないか、と考えて、「立ち上がって敵をいかくするため」、「草の上に伸び上がって遠くまで見晴らすため」と、主張した。

しかし、クマはふつうは四本足でドシドシと歩いている。どんなに人類はいかくが好きだったとしても、一日中いかくしていたわけではないだろう。それにふだん［　B　］ものがとつぜん大きくなるからおどしになるわけで、いつも立っていては意味がないだろう。

いかくや見張りのような、たまにしかない行動のために二足歩行が始まったというのは、どうみても2説明のための説明にしかすぎない。

アメリカの人類学者ゴードン・ヒューズ博士は、3人類が立ち上がったのは「食べ物を両手で持ったため」と、主張した。これには、4説得力がある。

ニホンザルは両手に食べ物を持つと二本足で歩くし、走る。両手でスイカを持って走ったという話もある。サルの餌場《えさば》で一度にイモをまくと、すばしっこいサルはイモを口にくわえた上に両手につかんで二本足で走ってにげる。

アフリカの密林の中には、チンパンジーによく似たボノボがすんでいる。いつもは密林の木の上にいるが、餌《え》づけをするためにサトウキビをまくと、木から下りてくる。そして、両手に何本ものサトウキビを持って、赤ちゃんを背中に背負って、スタスタと二本足で歩く。

動物園で見ていればわかるように、チンパンジーたちもぶかっこうだけれど、ときどき二本足で立って歩く。

森の木々の間でくらしていて、④えだ先の食べ物を取るために両手を使って伸び上がったり、体全体を長く伸ばしたりしているために、サルたちのバランス感覚は⑤はったつしている。このために、地上に下りると、必要があれば二本足で立ち上がることができる。木の上の生活で必要なそのバランス感覚によって、ニホンザルでもボノボでも地上に餌があって、しかも両手がふさがるような、とくべつにたくさんの食べ物があるときには、二本の足で立ち上がることもできる。

人類のいちばんの親戚《しんせき》は、チンパンジーたちだ。*アウストラロピテクスは体重も脳容量もチンパンジーと変わらない。バランス感覚のよい人類の祖先は、地上に下りたときに、食べ物をつかんで二本の足で立つことはできたはずだ。

ヒューズ博士は、「サバンナでライオンが食べ残した肉を運ぶのだ」といったけれど、それには5大きな問題があった。肉を食べようと思えば、残りの肉をあさる、まだおなかの空《す》いているほかのライオンやハイエナなどとの闘《たたか》いがある。なによりも、かたい肉をかみ切る歯がなくてはならない。

骨は地上に下りてきた人類に、6ちょうどいい食べ物だった。「ちょうどいい」というのは、それがたくさんあるのに、それを食べるほかの動物がいなかったという意味で、果物を食べていた、人類の祖先の類人猿《るいじんえん》がすぐ骨を食べた、というわけではない。栄養のあるものが、たくさんあって、それを食べるものがいなければ、そして、それが百万年という時間の単位でつづけば、いつかはそれを食べる動物が出てくる。それがニッチ（生態的地位）である。

地上に下りた類人猿の中に、骨を食べる種類が四～五百万年前に現れた。それまで骨を食べる動物はほかにいなかったから、つまりニッチが空白だったからだ。地上に下りて骨を持つ。それだけでも、その類人猿はしょっちゅう立たなくてはならない。

（島泰三《しまたいぞう》『人はなぜ立ったのか？』による）

＊　アウストラロピテクス…アフリカで見つかった、初期の人類。

問一　――線①～⑤のひらがなを漢字に直しなさい。

①（ささ）える　②（どくとく）　③（いそ）ぐ　④（えだ）　⑤（はったつ）

問二　［　A　］にふさわしい語を次から一つ選び、記号で答えなさい。

ア　しかし　イ　たとえば　ウ　あるいは　エ　そこで

問三　――線1「ときどき、立ち上がることがある」とありますが、ときどき立ち上がるのは何のためですか。次の文の（　　）にあてはまる言葉を本文からぬき出しなさい。

・敵を（　　　）したり、あたりを見まわしたりするため。

問四　［　B　］にふさわしい語を次から一つ選び、記号で答えなさい。

ア　おとなしい　イ　ささえている　ウ　背の低い　エ　ねむり続ける

問五　――線2「説明のための説明」とはここではどういうことですか。最もふさわしいものを次から一つ選び、記号で答えなさい。

ア　自分の主張がただの思いつきであることをかくすために、もっともらしい説明を考えてすること。
イ　自分が出した結論の説得力を強くするために、必要以上の説明をつけくわえるということ。
ウ　説明がつかないことを無理やり説明するために、ありもしないことを事実のように述べるということ。
エ　はじめに決めた結論を説明するために、その理由を無理やりこじつけているということ。

問六　――線3「人類が立ち上がった」とありますが、人類が二足歩行をできたのは、何が優《すぐ》れていたからですか。本文から六字でぬき出しなさい。

問七　――線4「説得力がある」とありますが、なぜですか。最もふさわしいものを次から一つ選び、記号で答えなさい。

ア　ニホンザルはスイカやイモ、ボノボはサトウキビというように、別々の食生活が見られるから。
イ　サルなど人類に近い種類の動物たちも、食べ物を運ぶときに二本の足で立つことがあるから。
ウ　チンパンジーの脳容量が人類の祖先と同じくらいあり、体つきも似ているから。
エ　動物園のチンパンジーたちは木の上で生活しておらず、いつも立ち上がっているから。

問八　――線5「大きな問題」とありますが、どのようなことが問題なのですか。ふさわしいものを次から二つ選び、記号で答えなさい。

ア　ライオンが食べ残した肉を見つけるのが難しいこと。
イ　肉食獣を打ち負かすためのするどい牙《きば》がないこと。
ウ　ほかの動物たちとの闘いに勝つことが困難なこと。
エ　骨を集めるのに二本の手が役立つと気づかないこと。
オ　かたい肉をかみ切ることができる歯がないこと。

問九　――線6「ちょうどいい」とありますが、骨は人類にとってどのような点がちょうどよかったのですか。次の文の（　　）に本文の言葉を入れて、説明しなさい。

・骨は（　　　）があって、しかも（　　　）点。

問十　人類はなぜ立ち上がったと考えられるのですか。「地上」「骨」「両手」という言葉を使って説明しなさい。

受験番号		小計	

（名前は書かないこと）

国語（その二）

［二］　次の文章を読んで、あとの問いに答えなさい。

小学六年生である「わたし（林成美《はやしなるみ》）」は、所属する「瑞法寺《ずいほうじ》剣道《けんどう》クラブ」が参加する錬成《れんせい》大会で、初心者ながら監督《かんとく》から団体戦の大将に指名された。「わたし」はとまどいながらも前向きに試合に臨《のぞ》むが、全くかなわない。そんな中、休憩《きゅうけい》時間に他校の生徒が「わたし」のことを「捨て大将」なのではないかと話しているのを耳にする。

お詫び
著作権上の都合により、文章は掲載しておりません。
ご不便をおかけし、誠に申し訳ございません。
教英出版

（あさだりん『まっしょうめん！』による）

＊先鋒…剣道などの団体戦で最初に戦う人。
＊中堅…剣道などの団体戦で、三人制の場合は二番目に戦う人。

問一　――線①～⑤のひらがなを漢字に直しなさい。

①（いきお）い　②（こえ）　③（ようす）
④（ひょうじょう）　⑤（こきゅう）

問二　――線１「上の空で」の本文中の意味として合っているものを次から一つ選び、記号で答えなさい。

ア　上の方を気にして　　イ　いい気分で
ウ　注意を向けずに　　エ　遠くを見るように

問三　――線２「だれかになにかいわれたの？」とありますが、どのようなことを聞いたと感じたのですか。答えなさい。

問四　――線３「勝つためなら、なんでもありじゃない」とありますが、監督が勝つためにとった作戦はどのようなものだと「わたし」は考えているのですか。その内容をふくむ一文を本文から探し、はじめの五字をぬき出しなさい。

問五　――線４「られ」と同じ意味で使われているものを次から一つ選び、記号で答えなさい。

ア　先生が教室に来られた。　　イ　この歌なら覚えられた。
ウ　姉から水をかけられた。　　エ　意気ごみが感じられた。

問六　――線５「うつむいたまま、口をとがらせた」時の「わたし」の気持ちとして最もふさわしいものを次から一つ選び、記号で答えなさい。

ア　お弁当を食べることを中断させられた上に、がんばっている自分を認めてくれない監督がいやになり、何を言ってもむだだとあきらめなげやりになる気持ち。

イ　監督が、自分たちには剣道で勝ち負けを重要視しないように言っていたのに、とった作戦はチームの勝ちにこだわるものだったことが不満でおもしろくない気持ち。

ウ　大将として全力をつくしていなかったことを監督に見ぬかれていたことにおどろき、初心者だからと気がゆるんでいた自分に気づいてはずかしくなった気持ち。

エ　監督に自分だけがよびだされた上にやる気のなさを事細かに注意され、ひどい試合になった正当な理由がうまく説明できないのがくやしく情けない気持ち。

問七　――線６「キッと監督の顔を見あげた」とありますが、このような時に用いられる慣用句として最もふさわしいものを次から一つ選び、記号で答えなさい。

ア　目を落とす　　イ　目をこらす
ウ　目を白黒させる　　エ　目を三角にする

問八　――線７「あきれたような顔」とありますが、監督があきれたのはなぜですか。最もふさわしいものを次から一つ選び、記号で答えなさい。

ア　「わたし」は初心者なのだから、捨て大将であることなど当然わかっていたと思っていたから。

イ　事前に監督と打ち合わせた作戦を、「わたし」がすっかり忘れていたから。

ウ　「わたし」が試合の結果ばかりを気にして、内容の大切さを理解できていないから。

エ　以前話した今回の対戦のねらいを、「わたし」がすっかり忘れていたことがわかったから。

問九　――線８「気まずい……」とありますが、なぜ気まずいのですか。最もふさわしいものを次から一つ選び、記号で答えなさい。

ア　自分がうっかりしていただけなのに一方的に監督をせめたから。
イ　負けを監督のせいにして八つ当たりしたことに気づいたから。
ウ　監督の話をふだんからきちんと聞いていないことがばれたから。
エ　思いこみの激しい自分の性格を監督に知られてしまったから。

問十　～～線Ａ「必死さとはちがう強さを、成美に見せようと思う」、Ｂ「監督は一度も、わたしたちに『勝て』といったことがない」とありますが、監督は「わたしたち」にどのようなことをわかってほしいと考えていますか。答えなさい。

算　　数 （その１）

答えは□の中に書きなさい。

※100点満点
（配点非公表）

受験番号	

（名前は書かないこと）

※	※

（※らんには何も記入しないこと）

(45分)

1　次の計算をしなさい。

(1)　$35+237=$ □

(2)　$54-4\times7=$ □

(3)　$4.5\times2.4=$ □

(4)　$35\times24-35\times14=$ □

(5)　$2\frac{3}{5}-1\frac{1}{6}+1\frac{3}{4}=$ □

(6)　$8-2.4\times\left(1\frac{1}{2}-\frac{3}{8}\right)=$ □

2　次の空らんをうめなさい。

(1)　24 の約数をすべてたすと，□です。

(2)　7 でわったとき，商とあまりが等しくなる整数があります。このような整数のうち最も大きい数は，□です。

(3)　280 ページの本を読むのに，毎日，前の日よりも 1 ページずつ多く読むことにしました。7 日でちょうど読み終えたとすると，最初の日に読んだのは，□ページです。

(4)　コップにジュースが入っています。ジュースが入ったコップの重さをはかると 195 g でした。ジュースを 30 %飲んでから，また重さをはかると 150 g でした。コップだけの重さは，□g です。

(5)　2 台の車 A，B が P 地点を出発して Q 地点に向かいます。A が出発してから 20 分後に B が出発し，A と B は同時に到着しました。A の速さは時速 50 km，B の速さは時速 60 km とすると，PQ 間の道のりは，□km です。

(6)　まわりの長さが 50 cm の長方形があります。この長方形のたてを 3 cm 長くし，横を 2 cm 短くすると正方形になります。もとの長方形の面積は，□cm^2です。

(7)　図は，1 辺がそれぞれ 5 cm，6 cm，7 cm の 3 つの正方形を組み合わせた図形です。
かげの部分の面積は，□cm^2です。

図

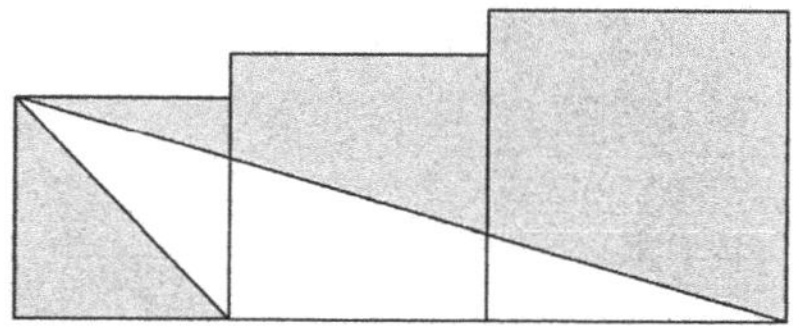

算　　数　（その２）

受験番号　　（名前は書かないこと）

※　※　（※らんには何も記入しないこと）

答えは □ の中に書きなさい。

3　2つの容器A，Bがあり，Aには8％の食塩水が100 g，Bには2％の食塩水が100 g入っています。あとの問いに答えなさい。

(1)　Aの食塩水には何 g の食塩が溶《と》けていますか。

□ g

(2)　AとBの食塩水を混ぜると何％の食塩水になりますか。

□ ％

4　東西方向に引かれた直線上を進むロボットがあります。このロボットは秒速 2 m の速さでスタート地点から動き始め，東に5秒進んでは西に2秒もどることをくり返します。あとの問いに答えなさい。

(1)　このロボットは動き始めてから5秒後には，スタート地点から何 m はなれたところにいますか。

□ m

(2)　このロボットは動き始めてから1分後には，スタート地点から何 m はなれたところにいますか。

□ m

5　対角線の長さが 10 cm の折り紙がたくさんあります。図のように，この折り紙を重なる部分の正方形の対角線の長さが 3 cm になるように横にならべた図形を作ります。あとの問いに答えなさい。

図

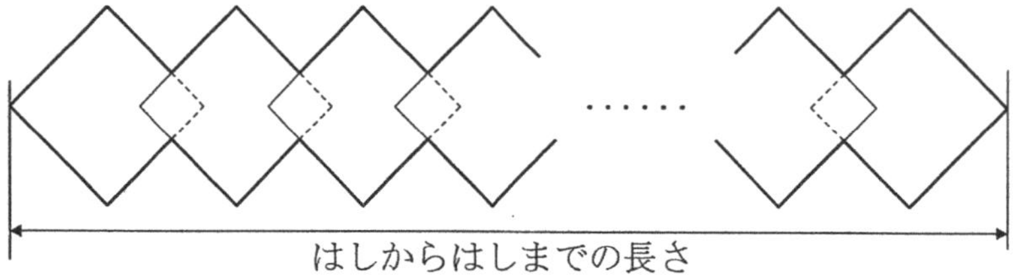

(1)　折り紙の1枚の面積は何 cm^2 ですか。

□ cm^2

(2)　22枚ならべたときにできる図形のはしからはしまでの長さは何 cm ですか。

□ cm

6　図のように，1辺が 8 cm の立方体と1辺が 8 cm の立方体から直方体を切り取ったものをすきまなく組み合わせて立体を作りました。あとの問いに答えなさい。

図

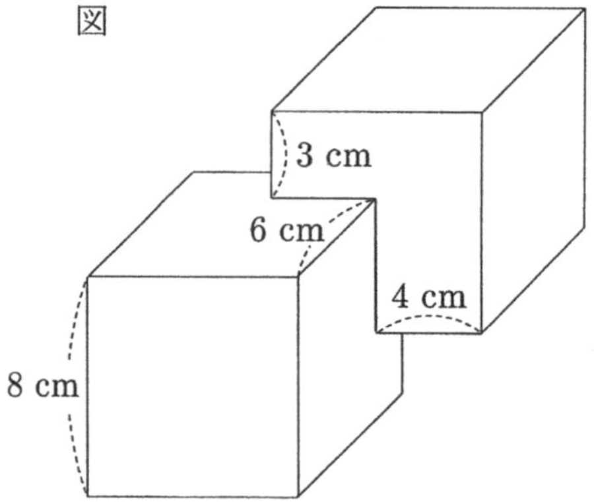

(1)　1辺が 8 cm の立方体の体積は何 cm^3 ですか。

□ cm^3

(2)　この立体の体積は何 cm^3 ですか。

□ cm^3

受験番号		得点		小計	

令和三年度　国語（その一）（45分）　仙台白百合学園中学校

（名前は書かないこと）

※100点満点
（配点非公表）

[一]　次の文章を読んで、あとの問いに答えなさい。

言葉のやりとりもキャッチボールと同じように、受け取る相手に応じて表現や手段を変える必要があります。そうすることで、言葉というボールが相手の心というグラ*ブに収まります。

しかし、言葉にはさまざまな伝達手段があり、相手が目の前にいるとは限りません。そのため、とくに文書で何かを伝えようとするときには、途中《とちゅう》までは読み手のことを考えていたのに、書くのに［あ］八苦しているうちに、つい忘れてしまうことがよくあります。

あるいは、すらすらと書けたと思っても、読み直してみると内容が相手の知りたいことからはずれてしまっていることがあります。［い］、修学旅行に参加できなかったクラスメートのA君のために①ほうこく書を書いてあげたとします。そこには、みんながホテルや遊園地でどんなに楽しく②すごしたかということばかり書いてあって、A君が一番知りたいと言っていた会社見学のことが全く含《ふく》まれていなかったら、A君はがっかりするかもしれません。

書いている当人は一生懸命《けんめい》だったのですが、いつしか受け取る側が求めているものを意識するのを忘れてしまい、代わりに自分がおもしろかったこと、自分が言いたいことばかりを書いてしまって、1ひとりよがりの文章になっていたのです。これは、2キャッチボールで言えば、相手は③れんしゅうのためにいろいろな球種を受けてみたいと思っているのに、自分は、自信のあるストレートばかり④なげて喜んでいるようなものです。

社会では、問い合わせや依頼《いらい》書やお礼状などの文書が、⑤にちじょう的にたくさん使われています。それらの文書は、ただ相手に渡《わた》して読んでもらえばよいのではなく、その内容を相手に理解してもらって、初めて目的を達成する性格のものです。

そこには必ず読んで理解してもらいたい相手がいます。それは不特定多数だったり、面識も親交もない個人だったり、あるいは親しい人だったりと、時と場合によってさまざまです。

学校で書く作文や感想文を読む相手は、たいてい先生です。先生は、文章が読みやすくても読みづらくても、その［う］と丁寧《ていねい》に読み、わかりづらければ指導してくれます。それが先生の仕事です。

しかし、社会でやりとりされる文書の読者は、そうではありません。わかりづらかったら読まずに放っておくかもしれませんし、誤解して送り手との間でトラブルになるなど大変な結果になるかもしれません。これはある程度避《さ》けられないことですが、できるだけそうならないために、3多種多様な読み手に応じて、伝え方、文章の書き方を変えることが求められます。どうしたら相手にとって読みやすく、理解しやすい文章になるかを考え、相手によって工夫することが必要なのです。

相手に応じて文章の書き方を変えるには、まず、書きはじめる前に相手のことを考えなければいけません。手紙など、相手が特定している場合なら「これを読むあの人はいったいどんな人だったかな」などと改めて考えたり、アンケートや記事など、4特定できない場合は「どういう人（たち）が読者になるのだろうか」と想像を膨《ふく》らませないといけません。しかし、どういう人かは、何を基準に考えたらいいでしょうか。

まず、「自分とどういう関係にある人か」という点から考えると、重要なのが相手が目上の人かどうかです。目上の人というのは、先輩《せんぱい》や先生、上司、年上の親戚《しんせき》などをさします。目上の人には失礼にならないように、例えば5敬語を使うという配慮《はいりょ》が必要です。

知っている人かどうか、というのも基準になるでしょう。知らない人や特定できない相手に文書を送る際は、ふつう、目上の人に対して書くのと同じように、敬語を使います。

このほか、相手について考える上での基準には、その人が男性か女性か、年齢《ねんれい》はいくつか、職業は何か、どこに住んでいる人なのかなど、客観的な事柄《ことがら》（属性*）だけでもたくさんあります。これに加えて、忙《いそが》しそうな人とか、繊細《せんさい》な人とか、間違《まちが》いに厳しい人というように、相手の性格や置かれている状況《じょうきょう》なども一つの基準になりえます。

文書を書く前には、こうした6さまざまな基準にそって、わかる範囲《はんい》で相手がどういう人なのかを確認、あるいは想像し、それによって伝え方を変えるのです。

（川《かわ》井《い》龍介《りゅうすけ》『伝えるための教科書』岩波ジュニア新書による）

＊　グラブ…野球などで用いるグローブのこと。
＊　属性…その事物がもっている性質のこと。

問一　═══線①～⑤のひらがなを漢字に直しなさい。

①（ほうこく）　②（す）ごした　③（れんしゅう）　④（な）げて　⑤（にちじょう）

問二　「［あ］八苦」は、「とても苦労する」という意味の四字熟語です。［あ］にあてはまる漢字二字を書きなさい。

［　］［　］八苦

問三　［い］にふさわしい語を次から一つ選び、記号で答えなさい。

ア　そのとき　イ　例えば
ウ　とりわけ　エ　あるいは

問四　――線1「ひとりよがりの文章」とはどのようなものですか。次の（Ⅰ）、（Ⅱ）にあてはまるように、本文からそれぞれ七字でぬき出しなさい。

・（　Ⅰ　）ことよりも、（　Ⅱ　）ことを優先した文章。

Ⅰ	Ⅱ
こと	こと

問五　――線2「キャッチボール」とありますが、「言葉のやりとり」との共通点は何ですか。本文の表現を使って説明しなさい。

問六　［う］にふさわしいものを次から一つ選び、記号で答えなさい。

ア　文章を楽しもう　イ　表現を豊かにしよう
ウ　場面を伝えよう　エ　内容を理解しよう

問七　――線3「多種多様な読み手に応じ」て書くと、どのような文章になりますか。本文から二十字でぬき出しなさい。

問八　――線4「特定できない場合」とありますが、何が特定できないのか、本文から一語でぬき出しなさい。

［　　　　］が

問九　――線5「敬語」とありますが、次の中で「敬語」が正しく使われているものを一つ選び、記号で答えなさい。

ア　父が「先生によろしく。」とおっしゃっていました。
イ　お母さんが「先生によろしく。」と申しておりました。
ウ　弟がいつもお世話になっております。
エ　祖母がおみやげをくださいました。

問十　――線6「さまざまな基準」について、筆者の考えを次のようにまとめました。（Ⅰ）、（Ⅱ）にふさわしい言葉を、（Ⅰ）は六字で、（Ⅱ）は十一字でぬき出しなさい。

・文章を書く前に、相手に関する（　Ⅰ　）や（　Ⅱ　）を知り、それに応じて伝え方、文章の書き方を工夫する必要がある。

受験番号		小計	

（名前は書かないこと）

国語

（その二）

［二］　次の文章を読んで、あとの問いに答えなさい。

傘《かさ》をもって家を出たとたんに雨はあがった。おんぼろの車はミオをねらって排気《はいき》ガスをふきかけ、太った園児はミオを見るなり水たまりに着地してどろ水をあびせた。

バスからおりた人の①むれが歩道の正面からぶつかってきた。そこまでする？　人々に*こづきまわされながら、[1]ミオにはわかった。

世の中はよってたかって自分ひとりにいじわるをしかけてきている。なぜかはしらないけれど、運命の女神はミオをにくみ、ろくでもない人々を[2]けしかけてはひどい目にあわせたがっているのだ。

目の前を、自転車をひいた人が②よこぎった。そのときうしろの荷台にのせてあった傘がポロリと落ちるのが見えた。小さなおりたたみ傘だった。

自転車のおにいさんはそれには気づかず、行きすぎようとしている。（ａ）ミオは思わずひろいあげ、あとを追った。

「すいません」

ミオはうしろすがたに声をかけた。でもおにいさんはふりかえらない。

「すいません」

もう一度大きな声を出した。道を行く人たちはなにごとかとミオに注目するのに、[3]かんじんのその人だけがふりかえらない。きこえないはずがなかった。（ｂ）

ミオは[4]心をきめた。世界がどんな悪意をもっていようとかまわない。その手にはのらない。クールでいく。

追いかけていってうでをつつき、どなるようにいった。

「カサ、おとしましたっ」

おにいさんはやっとふりむいた。神経質そうな目が前髪《まえがみ》のあいだからのぞいた。背が高かったので見おろされたかっこうになった。（ｃ）

ミオは[5]にらみつけて向き合い、それから*果たし状でも渡《わた》すようにおにいさんの手に傘をおしつけ、クルリと背中を向けた。

肩《かた》をそびやかしてミオは進んだ。ひざこぞうの傷《きず》がピリピリと痛んだけれど、［Ａ］と大またで歩いた。

あたしは[6]まけない。ぜったい③なかない。

だれかに肩をつつかれた。

ふりむくと傘を渡したおにいさんだった。おにいさんはミオに向かってしきりに手ぶりをして見せた。

それでやっと事情がのみこめた。その人は耳がよくきこえないのだ。［Ｂ］ミオのよびかける声もわからなかったのだ。

おにいさんはミオの手をそっととった。そして手相でも見る[7]ように手の④ひらを上に向けた。そこにおにいさんは指でなぞって字を書いた。ゆっくりと書いた。くすぐったかったけれどがまんした。とてもかんたんな字だったから、すぐに読みとれた。

ありがとう

ミオは顔を上げた。

どんよりとした雨雲がきれ、太陽は西の空にかがやいた。風はやみ、みかん色の陽《ひ》がおだやかに町を⑤てらした。とりのこされた水滴《すいてき》があちらこちらで光を散らした。

こういうことってあるんだな。[8]ちいさなことで奇跡《きせき》のように世界が変わること。

ほほえもうとしたミオはどうしたわけかうまくいかず、[9]はんたいにベソをかいてしまった。

おにいさんはミオの顔をのぞきこみ、こまった顔で首をかしげた。それからミオの手を自分の両手でつつみこみ、あやすように上下にふった。

（安東《あんどう》みきえ『ラッキーデイ』による）

＊　こづきまわされ…体をつつかれたり、ゆすられたりすること。
＊　果たし状…決闘《けっとう》を申しこむ書状のこと。

問一　═線①～⑤のひらがなを漢字に直しなさい。

①（　む　）れ　②（　よこ　）ぎった　③（　な　）かない　④手の（　ひら　）　⑤（　て　）らした

問二　――線1「ミオにはわかった」とありますが、何がわかったのですか。その内容が書かれている段落のはじめの五字をぬき出しなさい。

□□□□□

問三　――線2の「けしかけ」るの意味として合っているものを次から一つ選び、記号で答えなさい。

ア　他人に働きかけ、悪さをするようにしむけること。
イ　他人のうったえを無視し、冷たい態度を取ること。
ウ　他人の欠点を見つけ、よい方向にみちびくこと。
エ　他人を一方的にせめたてて、ほろぼすこと。

□

問四　次の一文は本文からぬき出したものです。（ａ）・（ｂ）・（ｃ）のどこに入れるのが最もふさわしいですか。記号で答えなさい。

・わざと無視しているとしか考えられなかった。

□

問五　――線3「かんじんのその人」とはだれのことですか。本文から九字でぬき出しなさい。

□□□□□□□□□

問六　――線4「心をきめた」とありますが、この時のミオの気持ちとして最もふさわしいものを次から一つ選び、記号で答えなさい。

ア　周囲がどうあろうと自分がすべきことをしようと思っている。
イ　自分を守るため、他人のことは放っておこうと思っている。
ウ　周囲の悪意に負けないよう、やられたらやりかえそうと思っている。
エ　どんなにいじわるされても、とにかくがまんしようと思っている。

□

問七　――線5「にらみつけて向き合い」とありますが、この時のミオの様子として最もふさわしいものを次から一つ選び、記号で答えなさい。

ア　相手のおだやかな態度にいらだつ様子。
イ　予想外の展開にあわてている様子。
ウ　勇気をもって立ち向かおうとする様子。
エ　くやしくて逃《に》げたくなっている様子。

□

問八　［Ａ］にふさわしい語を次から一つ選び、記号で答えなさい。

ア　よろよろ　　イ　とぼとぼ
ウ　ずんずん　　エ　るんるん

□

問九　――線6「まけない」とありますが、ミオは何に対して「まけない」と言っているのですか。本文から五字でぬき出しなさい。

□□□□□

問十　［Ｂ］にふさわしい語を次から一つ選び、記号で答えなさい。

ア　だから　　イ　その上
ウ　なぜなら　エ　やはり

□

問十一　――線7「ように」と同じ意味で使われているものを次から一つ選び、記号で答えなさい。

ア　あすは晴れますように。
イ　忘れないようにメモを取る。
ウ　午後は気温が上がるように思う。
エ　星が宝石のように美しい。

□

問十二　――線8「ちいさなこと」とは、具体的にはどのようなことですか。ミオの取った行動にふれながら、説明しなさい。

□

問十三　――線9「はんたいにベソをかいてしまった」理由としてふさわしいものを、次から二つ選び、記号で答えなさい。

ア　世界にいじわるされた自分が情けなかったから。
イ　おにいさんを誤解して申し訳ないと思ったから。
ウ　上手に笑うことができず、残念だったから。
エ　世界の温かさに気づき、ほっとしたから。
オ　背の高いおにいさんがとてもこわかったから。

□□

算　　数　（その１）

答えは □ の中に書きなさい。

（45分）

受験番号 □（名前は書かないこと）

※ □ ※ □ ※100点満点（配点非公表）

（※らんには何も記入しないこと）

1 次の計算をしなさい。

(1)　９６＋２８２＝ □

(2)　２５－２０÷５＝ □

(3)　０．６６÷４．４＝ □

(4)　６５×３６－６５×６＝ □

(5)　$\frac{4}{5}+\frac{3}{4}-1\frac{1}{3}=$ □

(6)　$\left(\frac{10}{27}\div 2\frac{2}{9}+4\right)\times 2.8=$ □

2 次の空らんをうめなさい。

(1)　５６mmは， □ mです。

(2)　$\frac{561}{396}$を約分して，もっとも簡単な仮分数で表すと □ です。

(3)　たがいにかみ合っている歯車ＡとＢがあり，歯車Ａの歯数は３０で，歯車Ａが４回転するとき，歯車Ｂは３回転します。歯車Ａが１２回転するとき，歯車Ｂは □ 回転します。

(4)　はるこさんは１０８０円のペンケースを買いました。ペンケースの値段は，持っていたお金の３０％にあたるそうです。はるこさんがはじめに持っていたお金は □ 円です。

(5)　あるクラスで算数のテストをしたところ，女子１２人の平均点が８２点，男子８人の平均点が７８点でした。このクラスのテストの平均点を，わり切れるまで計算すると □ 点です。

(6)　１，２，３，４，５の５個の数字から４個の数字を選んで４けたの整数を作ります。一番大きい偶数と一番小さい奇数の差は， □ です。

(7)　図１のように，長方形ＡＢＣＤを対角線ＢＤを折り目として折りました。㋐の角の大きさは， □ 度です。

図１

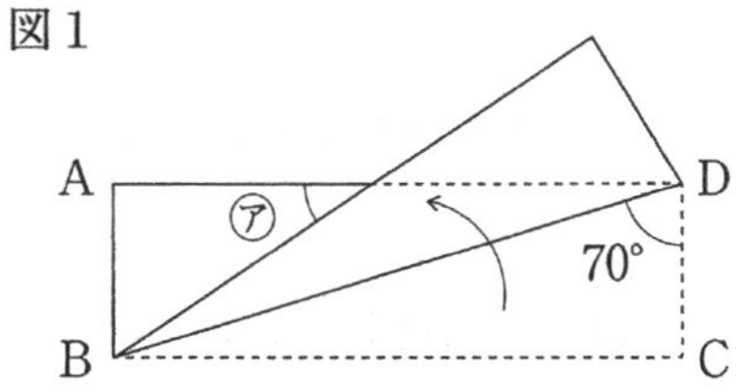

(8)　図２のように，直径の長さが異なる３つの半円があります。色をつけた部分の周りの長さは， □ cmです。
ただし，円周率は3.14とします。

図２

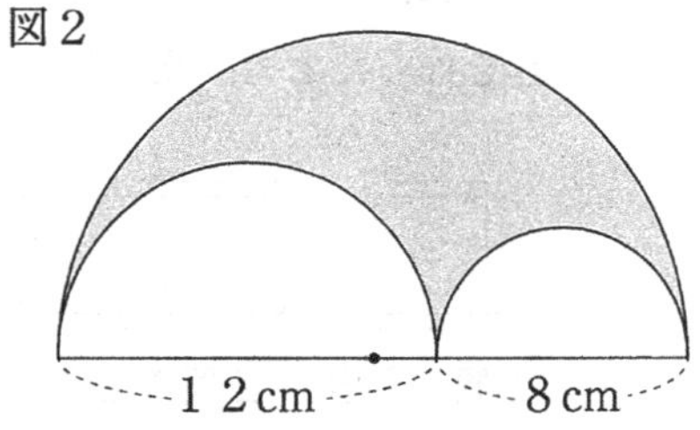

算　　数（その２）

答えは□の中に書きなさい。

3　兄と弟の持っているお金の比は５：３で，兄の持っているお金は８００円です。いま兄と弟は，お母さんからおこづかいを同じ金額もらったところ，持っているお金の比が７：６になりました。あとの問いに答えなさい。

(1)　はじめに弟は何円持っていましたか。　□円

(2)　お母さんからもらったおこづかいの金額は何円ですか。　□円

4　下の図のように，３本の棒を使って正三角形を１個作り，棒を２本ずつ加えて三角形を２個，３個…とつなげて作っていきます。あとの問いに答えなさい。

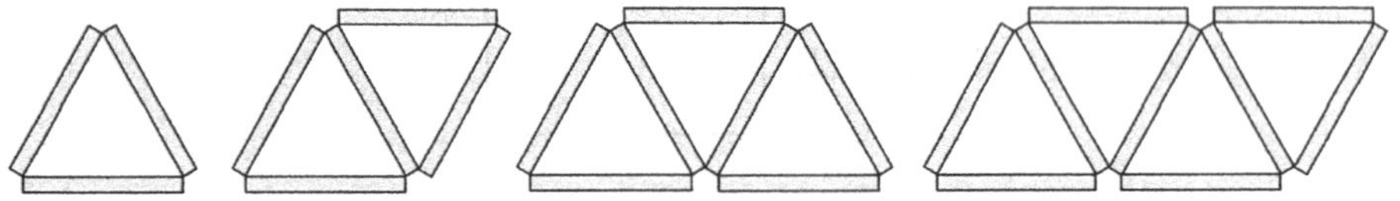

１個のとき　２個のとき　３個のとき　４個のとき

(1)　正三角形を８個作るときに必要な棒は何本ですか。　□本

(2)　正三角形を x 個つくるときに必要な棒の数を，x を用いて表しなさい。　□

(3)　次に，下の図のように正方形をつなげて作っていきます。棒を１５０本使って正方形を作ったとき，正方形は何個できて，棒は何本あまりますか。

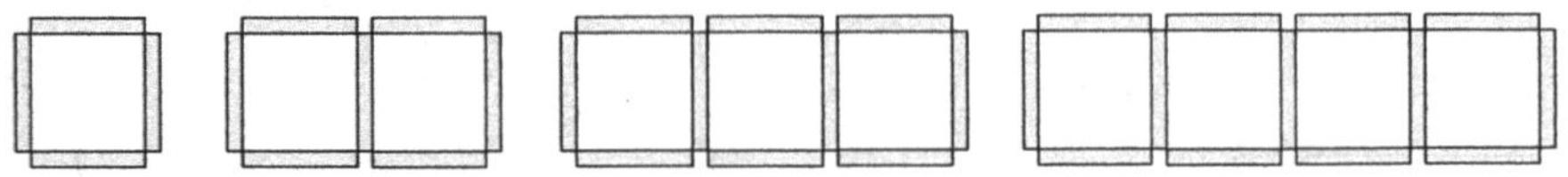

１個のとき　２個のとき　３個のとき　４個のとき

正方形は□個できて，棒は□本あまる

5　容積が５４０Ｌの水そうに，Ａ，Ｂ２つの管から水を入れます。Ａの管からは１分間に３．２Ｌの水を入れることができ，Ｂの管からは１時間に３４８Ｌの水を入れることができます。あとの問いに答えなさい。

(1)　Ａの管とＢの管では，３０分間にどちらの管がどれだけ多くの水を入れることができますか。

□の管が，□Ｌ多い

(2)　この水そうから１分間で１．８Ｌの水を出すことができる管Ｃをつけました。３６Ｌの水が入った水そうに，Ａの管とＢの管から水を入れるのと同時にＣの管から水を出した場合，水そうがいっぱいになるのに何時間何分かかりますか。

□時間□分

6　下の図は，底面が直角三角形の三角柱とその展開図です。あとの問いに答えなさい。

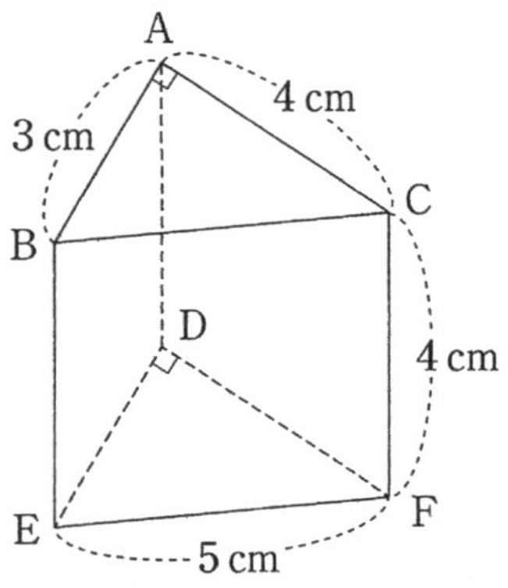

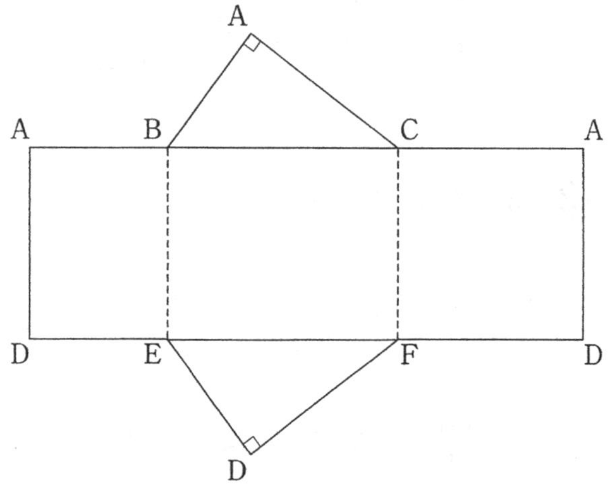

(1)　展開図の面積は何 cm^2 ですか。　□cm^2

(2)　三角柱の体積は何 cm^3 ですか。　□cm^3

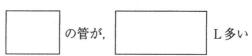

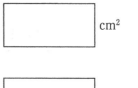

受験番号		得点		小計	

（名前は書かないこと）

令和五年度　仙台白百合学園中学校

国語（その一）（45分）

※100点満点
（配点非公表）

［一］次の文章を読んで、あとの問いに答えなさい。

お詫び
著作権上の都合により、文章は掲載しておりません。
ご不便をおかけし、誠に申し訳ございません。
教英出版

（塚本勝巳《つかもとかつみ》『うなぎ　一億年の謎《なぞ》を追う』による）

＊シラス…ウナギ、アユ、イワシの子どもの総称《そうしょう》。ここではウナギの稚魚《ちぎょ》を指す。
＊マリアナ…北太平洋の西部にある島々。ここではその周辺の海。
＊塩分フロント…異なる塩分濃度《のうど》の境界。産卵海域にある。
＊レプト…レプトセファルス。ウナギなどの幼体。
＊レッドリスト…絶滅の恐れのある野生動物の種のリスト。

問一　――線①～⑤のひらがなを漢字に直しなさい。

①（げんいん）　②（わす）れた　③（ぎじゅつ）
④（くば）らなくては　⑤（じゅんび）

問二　――線１「とりすぎ、食べすぎた」とありますが、一時期日本人はどれほどウナギを食べていましたか。次の文の（　　）にあてはまる言葉を本文からぬき出しなさい。

・（　　　　）の消費量のうちの（　　　　）。

問三　――線２「養殖したウナギ」について説明した文としてまちがっているものを次から一つ選び、記号で答えなさい。

ア　日本で消費されているウナギの九割以上を占《し》めている。
イ　卵から人の手で育て養殖したものもほんの少しいる。
ウ　天然のシラスを河口でとってきてえさをやり大きく育てている。
エ　天然のシラスが不漁だと天然のウナギをとってきて太らせる。

問四　――線３「一億ひき」とありますが、これは何の数ですか。本文から十六字でぬき出しなさい。

□□□□□□□□□□□□□□□□の数

問五　［Ａ］にふさわしい語を次から一つ選び、記号で答えなさい。

ア　たとえば　イ　では
ウ　ですから　エ　しかし

問六　――線４「河川環境が悪くなった」具体的なげんいんはどのようなことですか。二点説明しなさい。

問七　――線５「ウナギが自由に行き来できなくなって」とありますが、どことどこを行き来するのですか。次の文の（　　）にあてはまる言葉を本文からぬき出しなさい。

・（　　　　）をする海と、（　　　　）がある川。

問八　――線６「みんなが力を合わせれば」とありますが、「みんなで力を合わせる」という意味の四字熟語として最もふさわしいものを次から一つ選び、記号で答えなさい。

ア　他力本願　イ　一致《いっち》団結
ウ　意気投合　エ　全身全霊《ぜんれい》

問九　［Ｂ］にふさわしい表現を次から一つ選び、記号で答えなさい。

ア　次の年にやってくるシラスの量を予測できる
イ　日本から出ていってしまうシラスの量を少なくする
ウ　台風や渦の発生による被害《ひがい》を最小限におさえられる
エ　海流の流れ方などを科学的に変化させられる

問十　――線７「今日明日にもすぐに絶滅するわけではありません」とありますが、ここで筆者が言いたいのはどのようなことですか。最もふさわしいものを次から一つ選び、記号で答えなさい。

ア　ウナギをとる量を半減させさえすれば絶滅は回避《かいひ》できるのだから、世界中のみんなが協力すべきだということ。
イ　ウナギはどこの地域においても減っており絶滅することは避《さ》けられないので、今手に入れられることに感謝すべきだということ。
ウ　現在は世界的にもウナギが減っている事実が共有され保護しようという流れがあるので、今までよりは安心できるということ。
エ　ウナギを守るためにできることがあり、その時間がまだ残されているのだから、急いで行動にうつすべきだということ。

受験番号		小計	

（名前は書かないこと）

国語

（その二）

［二］ 次の文章を読んで、あとの問いに答えなさい。

転校生の本間《ほんま》リサは、無愛想でなかなか周囲になじめない。プールの時間は「体調がよくない」という理由でいつも見学していたが、「わたし」はある出来事をきっかけに、プールに入らないのは足にあるけがのあとを見られたくないからだと知った。

教室にもどると、待っていたようにリサがわたしの席にやってきた。

「話したのね」

①ひくい声でボソリと言って、するどい目でわたしをにらんだ。

一瞬《いっしゅん》、なんのことかわからなかった。

「ぜったいしゃべらないって、言ったくせに」

からだじゅうから、1怒《いか》りがふきだしているみたいだった。

そうか、あの傷あとのことかと、ぼんやり思った。でも、どうしてわたしがしゃべったと思ったのだろう。

「わたし、本間さんのこと、なんにもしゃべってないよ」

「じゃあ、わたしを見て笑ってたのは、なんだったの？」

「え？」

「二人でわたしを見て、おかしそうに笑ってたじゃない」

ひどい誤解だ。

「ちがうよ。そんなこと、話してたんじゃないよ」

「だったらなによ。ごまかそうとしても、わかるんだから」

「ちがうってば！」

2つい、声が大きくなった。あわてて口をおさえて、あたりを見まわした。

さっきのことを説明すると、けわしかったリサの顔つきが、微妙《びみょう》に変わった。

「わたし、人のこと笑ったりしないから」

わたしが言うと、3だまってリサは目をふせた。そのまま、どのくらい向かいあっていただろう。

「ごめん」

いきなりそう言うと、リサはサッと身をひるがえして、自分の席にもどっていった。

ふうっと、わたしは[A]をはきだした。

やっぱり、[B]と思った。

放課後、自転車をあずけたガソリンスタンドに行くため、バスを待っていた。

②どうろの反対側の、きのうリサとアイスを食べたバス停は、建物のかげになっている。だけどこっちは、ようしゃなく日ざしが照りつけ、じっとしていても、ひたいから汗《あせ》がにじみだしてくる。

やがて、バスのぽっちりと黒っぽいかげが見えてきた。

ほっとしたとき、バスとは反対のほう4から、こっちに向かって走ってくる子に気がついた。

バスが近づいてくるにつれ、走ってくる子のすがたもはっきりしてきた。リサだった。

そういえば、転校初日、バス通学だって言ってたっけ。

「すみません。友だちが来るので、ちょっと待っててもらえませんか」

わたしは、到着《とうちゃく》したバスのステップに足をかけたまま、運転手さんに声をかけた。

運転手さんは、だまってうなずいた。

わたしが、まえから二番目のあいた席にすわったとき、リサが[A]せき切ってかけこんできた。

「5すみません！」

運転手さんの、すぐうしろに立ったリサの肩《かた》は、まだ③いきおいよく上下していた。

おりるバス停が近づいて、わたしはボタンをおして立ちあがった。整理券とりょうきんを用意して、④りょうきんばこの横に立ったとき、

「おせっかい」

リサが、チラッとわたしを見て言った。

「え」

「でもアリガト」

6びっくりした。気がついてないと思っていたのに。

バスをおりて、⑤まどを見あげたら、リサがこっちを見ていた。ニコリとまではいかないけど、笑っているみたいだった。

わたしも、ちょっとだけ笑った。

ほんの二、三秒のあいだだった。

それだけなのに、小さくなっていくバスを見送りながら、ちょっと胸がドキドキしていた。しゃくにさわるような、そのくせ7くすぐったいような気分だった。

リサに悪気がないのはわかっている。

苦手だと思っているのは、強引《ごういん》さや、つっけんどんな態度に、反発を感じているだけなのだろう。

（朝比奈蓉子《あさひなようこ》『わたしの苦手なあの子』による）

問一 ――線①～⑤のひらがなを漢字に直しなさい。

①（　　）《ひく》い　②（　　）《どうろ》　③（　　）《いきお》い　④（　　）《りょうきんばこ》　⑤（　　）《まど》

問二 ――線1「怒りがふきだしているみたい」とはどのような状態を表現していますか。最もふさわしいものを次から一つ選び、記号で答えなさい。

ア 怒りが相手にまで伝染《でんせん》している状態。
イ 怒りの感情をがまんできなくなった状態。
ウ 怒《おこ》っている理由がただ一つだけである状態。
エ 怒っている気持ちが生まれてはすぐ消える状態。

問三 ――線2「つい、声が大きくなった」とありますが、なぜですか。次の文の空らんにあてはまる言葉を[I]は九字で、[II]は二字で本文からそれぞれぬき出しなさい。

・リサの秘密を[I]のだと思いこみ、笑いものにしたと[II]をしたまま言いつのって、話を聞こうとしないから。

問四 ――線3「だまってリサは目をふせた」時の「リサ」の気持ちとして最もふさわしいものを次から一つ選び、記号で答えなさい。

ア 秘密を他にもらしたことを認めようとしない「わたし」の態度に腹が立ったが、これ以上何を言ってもむだだとあきらめる気持ち。
イ 正直に秘密を打ち明けられる友だちができる予感に興奮しているが、それを見せるのは恥《は》ずかしくこらえる気持ち。
ウ 自分のかんちがいだとわかって気まずく、申し訳ない気もするが、それをどう示せばよいかわからずとまどう気持ち。
エ 謝《あやま》るべきだとはわかっているものの、そうすることは「わたし」に負けたようでくやしく、この場をどう乗り切るか迷う気持ち。

問五 二か所ある[A]に共通して入る語を漢字一字で答えなさい。

問六 [B]に最もふさわしい表現を次から一つ選び、記号で答えなさい。

ア リサって苦手だなあ
イ わたしはまちがってなんかない
ウ リサとは二度とかかわるものか
エ わたしはダメな人間なんだ

問七 ――線4「から」とありますが、これと同じ意味で使われているものを次から一つ選び、記号で答えなさい。

ア 彼《かれ》が来てから行く。　イ 東京から出発する。
ウ 石炭からつくられる。　エ 寒いから着こんだ。

問八 ――線5「すみません！」とありますが、何についてすまないと言っているのですか。答えなさい。

問九 ――線6「びっくりした」とありますが、なぜですか。最もふさわしいものを次から一つ選び、記号で答えなさい。

ア 「わたし」がこっそり同じバスに乗っていることにリサが気づいていたから。
イ 「わたし」の行動を批判しつつも感謝するリサの言いたいことが理解できなかったから。
ウ 「わたし」のさりげない親切にリサが気づいていたことがリサの言葉でわかったから。
エ 「わたし」のことを嫌《きら》っていると思っていたリサに感謝の言葉をいきなりかけられたから。

問十 ――線7「くすぐったいような気分」とは「わたし」のどのような気持ちですか。説明しなさい。

算　数（45分）（その１）

※100点満点
（配点非公表）

受験番号

（名前は書かないこと）

※　※

（※らんには何も記入しないこと）

答えは□の中に書きなさい。

1　次の計算をしなさい。

(1)　５２９＋３７６＝□

(2)　２３－（１６－３２÷４）＝□

(3)　１０．１÷０．０４＝□

(4)　２７×３．６－１５×３．６＝□

(5)　$\frac{4}{7}+\frac{3}{2}-1\frac{1}{4}=$□

(6)　$\left(0.75-\frac{2}{9}\times 2.7\right)\times\frac{7}{15}=$□

2　次の空らんをうめなさい。ただし，円周率は３．１４とします。

(1)　３６２ｄＬは，□Ｌです。

(2)　２と３と１４の最小公倍数は□です。

(3)　右の表は，先週の金曜日にクラスで行った算数の小テストの得点と人数を調べたもので，クラスの平均点は□点です。

表

得点	0	1	2	3	4	5
人数	0	1	3	7	12	3

(4)　下の帯グラフは，宮城県の人口を年齢《ねんれい》で３つの区分にわけて，割合で表したものです。宮城県の人口がおよそ２３０万人なので，１５歳～６４歳の人口はおよそ□万人となります。

グラフ

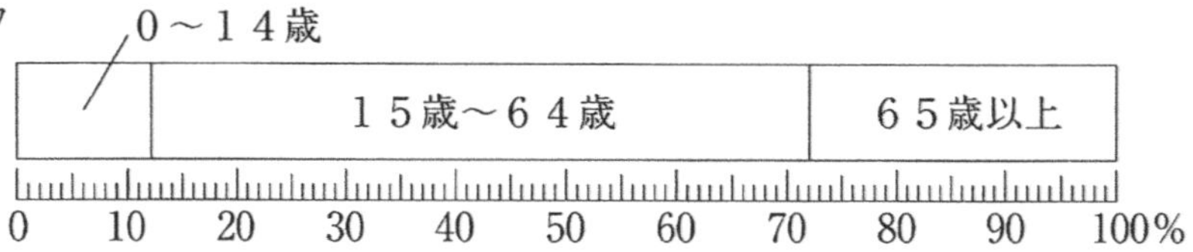

(5)　１本の長さが８０cmの紙テープを，のりしろを５cmにしてつないでいきます。紙テープの本数を x 本，つないだ紙テープ全体の長さを y cmとして式で表すと，

y ＝□となります。

(6)　図１のように，正方形の折り紙の真ん中に折り目をつけて，それに角《かど》をあわせるように折りました。

㋐の角の大きさは，□度です。

図１

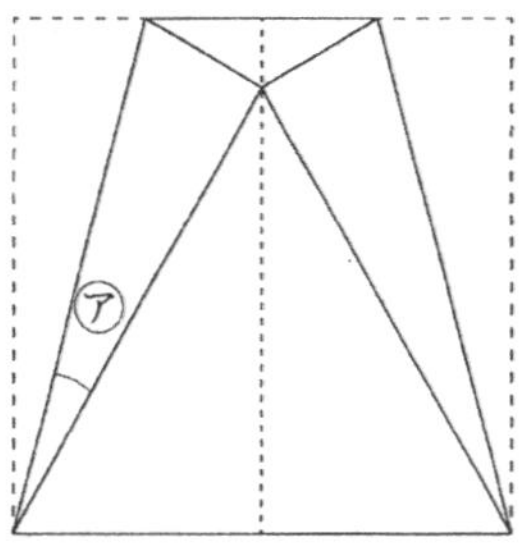

(7)　図２のように，長方形の中に２つの円をぴったりとかきました。色をつけた部分の面積は，

□cm²です。

図２

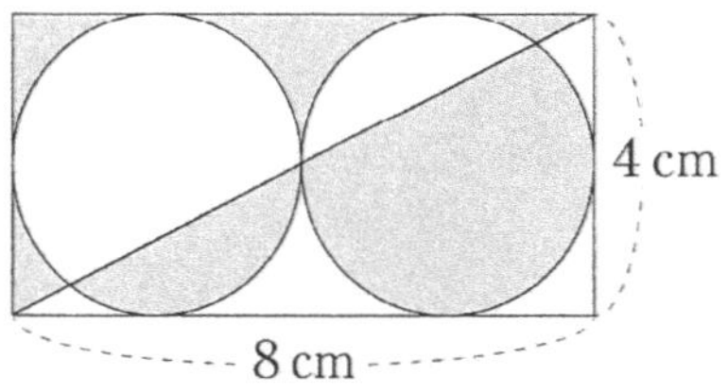

(8)　図３のように，正方形と４つのおうぎ形を組み合わせて図をつくりました。色をつけた部分の面積は，

□cm²です。

図３

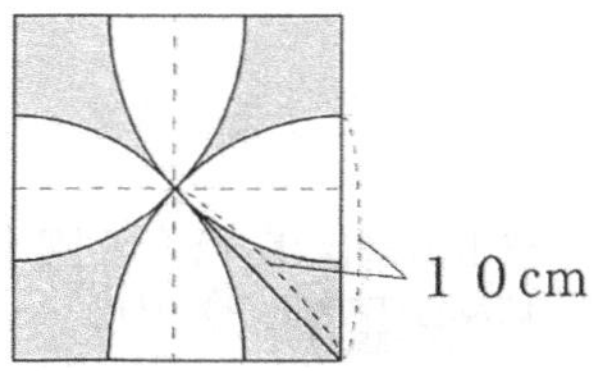

算　数　（その２）

答えは□の中に書きなさい。

受験番号

（名前は書かないこと）

※　※

（※らんには何も記入しないこと）

3　１個あたりの値段の比が１：３のみかんとりんごを，個数の比が２：１になるように買います。あとの問いに答えなさい。

(1)　みかんとりんごの代金の比を答えなさい。　[　　：　　]

(2)　みかんを８個買ったとき，みかんとりんごの代金は１０００円になりました。このときの，りんご１個の値段はいくらになりますか。　[　　　]円

4　右のカレンダーは，２０２２年１２月のものです。□で囲まれている数字について，あとの問いに答えなさい。ただし，□は２行２列の４つの日付を正方形で囲むものとします。

日	月	火	水	木	金	土
				１	２	３
４	５	６	７	８	９	１０
１１	１２	１３	１４	１５	１６	１７
１８	１９	２０	２１	２２	２３	２４
２５	２６	２７	２８	２９	３０	３１

(1)　□で囲まれている数字のなかで，左上の数字を x とすると，右下の数字はどのようになりますか。x を用いて表しなさい。　[　　　]

(2)　右上のカレンダーの□で囲まれている数字の合計は２０です。左上の数字を x とすると，合計が１００となるときの x を答えなさい。　[　　　]

(3)　２０２４年１月１日は，何曜日になりますか。ただし，２０２３年はうるう年ではありません。　[　　　]曜日

5　右の図のように，１辺が１cmの立方体の形をした積み木を重ねて大きい立方体をつくり，その表面全体に色をぬりました。あとの問いに答えなさい。

図

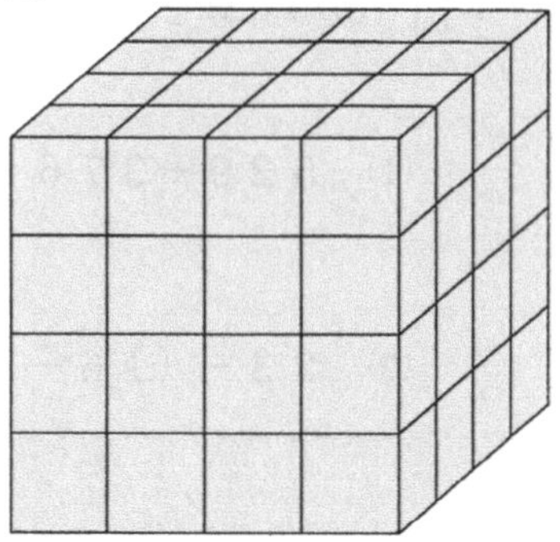

(1)　色がぬられていない積み木は何個ありますか。　[　　　]個

(2)　色がぬられていない積み木を使って，立方体または直方体をつくると，全部で何種類の立体ができますか。ただし，積み木は少なくとも１個は使い，体積と表面積が同じになるものは１種類とします。　[　　　]種類

6　右の図のように，たて４０cm，横８０cm，高さ５０cmの水そうが，２枚の板で仕切られています。この水そうに，給水管から，毎秒２５０ cm^3 で水を注ぎ，水そうの側面Ｅで水の深さを測ったところ，時間と水の深さの関係のグラフは，下のようになりました。あとの問いに答えなさい。ただし，仕切り板の厚みは考えないものとします。

図

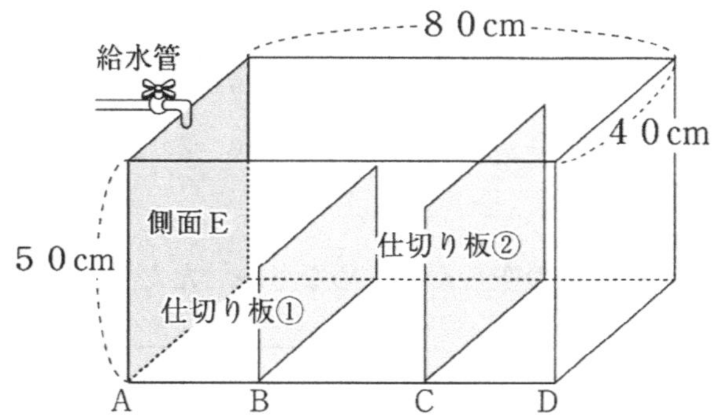

グラフ

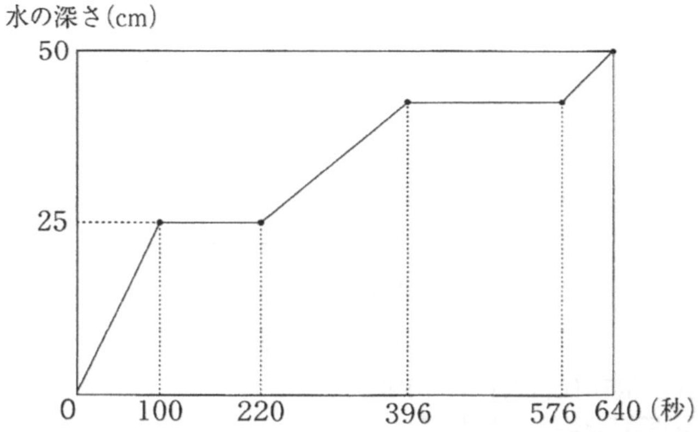

(1)　ＡＢの長さは何cmですか。　[　　　]cm

(2)　仕切り板②の高さは何cmですか。　[　　　]cm

受験番号		得点		小計	

※100点満点
（配点非公表）

（名前は書かないこと）

令和六年度　国語（その一）（45分）　仙台白百合学園中学校

［一］　次の文章を読んで、あとの問いに答えなさい。

人間とは「①よわさ」を持った存在です。そのよわさゆえ、失敗すれば傷つきますし、その傷口から生きるためのエネルギーが漏《も》れてしまい、何もできなくなってしまいます。

[1]そんなとき、大切なのは「自分はよわいから、いますぐには自分の起こした大失敗と向き合うことなんてできない」と[2]潔《いさぎよ》く諦《あきら》めることです。立ち向かう力も残っていないのに、無理して抵抗《ていこう》しても良い結果が出るはずもなく、かえって疲《つか》れ果て、もっと悪い状況《じょうきょう》に陥《おちい》りかねません。

人間には「回復力」が備わっています。大切なのは、大失敗で失われてしまったエネルギーが自然に回復するのを待つことです。

回復するまでにどれだけの時間がかかるのかはひとそれぞれですが、いつかは失ったエネルギーを取り戻《もど》して、自ら行動できるほどにまで回復します。そこまで回復できるときを待つことが、取り返しのつかないような失敗をしたあとの最善の②さくなのです。

そして、エネルギーが溜《た》まってきたら、次に取り組むべきなのは「違《ちが》った視点で大失敗を見直すこと」です。

いつも見ていた場所が、あるとき違った場所から見ると、まるで違う③けしきに見えたことはありませんか。同じものでも、視点を変えただけで、また違った印象が得られることも少なくありません。

失敗したひとの心理についても、[3]同様のことが言えます。

大きな失敗をしたあと、ひとは「いまが人生のなかでいちばん底の状態だ」と思い込《こ》んでしまいます。だからこそ、ショックは大きく、もう二度と立ち直れ[4]ないのではないかと＊憔悴《しょうすい》してしまいます。

しかし、大失敗した直後には逃《に》げて、逃げて、逃げ回って、信頼《しんらい》できるひとに思う存分に愚痴《ぐち》を言って、できるかぎり気晴らしして、少しでも気力と体力を回復することができたら、[5]もう一度、自分が起こした失敗に目を向けてみてください。

失敗直後は「これより下はないほどの＊奈落《ならく》の底」に落ちてしまったように思えたのに、時間が経《た》ってから見てみると、落ちているけれど一番底ではないとわかります。なんとか死なずに持ち堪《こた》えることで、時間が経ちさえすれば、まわりからの④ひはん的な目も、自分の置かれている立場も、自分自身に対する思いや考え方も、程度の差こそあれ、何もかも変わってしまっていることに気づくのです。

［Ａ］と「どうしてあそこであんなに思いつめて、いきり立って、失敗に＊対峙《たいじ》していたんだろう？」と思うようになり、当時の必要以上に張りつめていた自分がバカバカしく思えるようにすらなります。

そうなったら、急に気が楽になります。

ですから、他人を傷つけるようなことさえしなければ何をしてもいいので、とにかく[6]「大失敗の直後のパニック状態」をやり過ごすことが最優先なのです。

そこさえ持ち堪えられれば、あとは時間をかけて、前向きに動けるだけのエネルギーが回復するまで待てばよいのです。

失敗というものは、どんなに注意しても、[7]くり返してしまうものです。

私はそれを「ありうることは起こる」と表現しています。

しかし、対処できないくらいひどいダメージを与《あた》える失敗や、取り返しのつかないほど⑤しんこくな失敗は、なんとかして避《さ》けたいものです。

（畑村洋太郎《はたむらようたろう》『やらかした時にどうするか』ちくまプリマー新書による）

＊　憔悴…疲れなどでやせおとろえること、やつれること。
＊　奈落の底…地獄《じごく》の底。
＊　対峙…向かい合ってじっと考えること。

問一　――線①～⑤のひらがなを漢字に直しなさい。

①（よわ）さ　②（さく）　③（けしき）　④（ひはん）　⑤（しんこく）

問二　――線1「そんなとき」とありますが、どのようなときですか。最もふさわしいものを次から一つ選び、記号で答えなさい。

ア　人間のよわさによって傷つかないように行動したとき。
イ　失敗して傷つき何もできなくなってしまったとき。
ウ　傷を負って生きるエネルギーが漏れ、命の危険があるとき。
エ　失敗した自分をみとめることで傷を負わずにすんだとき。

［　　］

問三　――線2「潔く諦める」とありますが、「潔く諦める」必要があるのはなぜですか。次の文の（　　）にあてはまる言葉を本文からぬき出しなさい。

・大失敗したあとに無理をしても（　　　　）にはつながらず、さらに（　　　　）になってしまう可能性があるから。

問四　――線3「同様のこと」とはどのようなことですか。説明しなさい。

［　　　　　　　　］

問五　――線4「ない」とありますが、これと同じ用法で使われているものを次から一つ選び、記号で答えなさい。

ア　たくさん雨がふらないと作物は育たない。
イ　雨がふることはないという予報だ。
ウ　この県は雨がふる日がすくないらしい。
エ　雨がふる時間を当てるのは簡単ではない。

［　　］

問六　――線5「もう一度、自分が起こした失敗に目を向けてみてください」とありますが、こうするとどうなりますか。最もふさわしいものを次から一つ選び、記号で答えなさい。

ア　時間が経って、必要以上に張りつめた気持ちが不要とわかり、気が楽になる。
イ　人生のなかでいちばん底の状態を経験したことに気づいて、そこから逃げ出したくなる。
ウ　自分がした失敗をまわりは表に出さないものの怒《おこ》っているということに気づく。
エ　同じ失敗をしないように自分の経験から学ぶことで、人間として成長できる。

［　　］

問七　［Ａ］に最もふさわしい表現を次から一つ選び、記号で答えなさい。

ア　思いきり泣く　　イ　失敗を忘れる
ウ　相手の立場になる　　エ　見方が変わる

［　　］

問八　――線6『「大失敗の直後のパニック状態」をやり過ごす』とありますが、具体的にどのようなことをすればよいと考えられますか。最もふさわしいものを次から一つ選び、記号で答えなさい。

ア　相手はだれでもいいので、とにかく愚痴を聞いてもらうこと。
イ　気分を変えて、一時的に失敗について考えないこと。
ウ　いまが人生のなかでいちばん底の状態だと思い込むこと。
エ　失敗について細かく思い出して自分を分析《ぶんせき》すること。

［　　］

問九　――線7「くり返して」とありますが、「くり返す」という意味の四字熟語として最もふさわしいものを次から一つ選び、記号で答えなさい。

ア　言語道断　　イ　一進一退
ウ　再三再四　　エ　右往左往

［　　］

問十　本文を通して筆者が言いたかったこととして正しいものを次から一つ選び、記号で答えなさい。

ア　自分のやってしまった失敗を取り消す努力は必要ではなく、いつも前向きに生きることが最優先である。
イ　大失敗するとたいていの人はかなり大きなショックを受けるが、まずは人生のどん底にいるような気持ちをやり過ごすべきだ。
ウ　大失敗してしまうことは人間として生きる限り避けられず、失敗することをおそれず何でもチャレンジすることが大切だ。
エ　失敗から立ち直るための回復力はどんな人間にも備わっているため、回復するまでの時間もだれでもほぼ等しいと言える。

［　　］

受験番号		小計	

（名前は書かないこと）

国語（その二）

［二］　次の文章を読んで、あとの問いに答えなさい。

（大谷《おおたに》美和子《みわこ》『りんごの木を植えて』による）

＊　お義父さん…ここではおじいちゃんのこと。
＊　義人…みずほの兄。

問一　――線①～⑤のひらがなを漢字に直しなさい。

①（ゆうしょく）　②（かんぜん）　③（のぞ）めない
④（てんこうせい）　⑤（へや）

問二　A に最もふさわしい言葉を次から一つ選び、記号で答えなさい。

ア　どうやら　イ　たとえ
ウ　めったに　エ　まるで

問三　――線１「ぶれない人」について、次の問いに答えなさい。

(1)　「ぶれない人」の「ぶれない」と同じ意味で使われている言葉を本文からぬき出しなさい。

(2)　「ぶれない人」とは、本文ではどのような人のことですか。最もふさわしいものを次から一つ選び、記号で答えなさい。

ア　むかしから性格がまったく変わらない人。
イ　思いつきでものをいうがいつも正しい人。
ウ　子どもや孫から尊敬される人。
エ　いったんいったことは変えない人。

問四　二か所ある B に共通して入る語を漢字一字で答えなさい。

問五　――線２「こたえた」とありますが、この「こたえる」と同じ使い方のものを次から一つ選び、記号で答えなさい。

ア　犯人の要求にこたえる準備をする。
イ　愛犬の死は思った以上に身にこたえる。
ウ　これだけあれば一年はこたえることができる。
エ　相手からの問いかけにすぐにこたえる。

問六　――線３「さきにした約束を守らなあかん」と「おじいちゃん」が言うのはなぜですか。説明しなさい。

問七　――線４「不服そうな顔をしていた」とありますが、なぜですか。「おじいちゃん」という言葉を使って、説明しなさい。

問八　――線５「くやしくて」とありますが、なぜですか。その理由として最もふさわしいものを次から一つ選び、記号で答えなさい。

ア　むりやりおじいちゃんのいうことにしたがわされ、そのうえ、外で友だちと遊ぶことも禁止されたから。
イ　友だちがだれもいなくなってしまったし、おじいちゃんに味方になってほしいという期待を裏切られたから。
ウ　おじいちゃんにしかられたことが意外で、また、自分が見捨てられたように感じたから。
エ　納得《なっとく》できないことをおしつけられ、ひどいことを言われたのにおじいちゃんをきらいになれないから。

問九　――線６『約束やもん、守るよ』みずほは小さい声でいった」とありますが、なぜ「小さい声」でいったのですか。説明しなさい。

算　数（45分）（その1）

※100点満点
（配点非公表）

答えは□の中に書きなさい。

受験番号	

（名前は書かないこと）

※	※

（※らんには何も記入しないこと）

1 次の計算をしなさい。

(1)　８７＋６４９＝□

(2)　５６－（４８－３２÷４）＝□

(3)　8.１６÷０.８＝□

(4)　２５×2.1＋２５×1.9＝□

(5)　$\frac{5}{3}+\frac{3}{4}-1\frac{1}{6}=$□

(6)　$\left(5+\frac{10}{27}\times 3.9\right)\div 0.58=$□

2 次の空らんをうめなさい。ただし，円周率は３．１４とします。

(1)　２５５cm²は，□m²です。

(2)　A：B＝２：３，B：C＝５：７のとき，A：B：Cは□：□：□です。

(3)「x×３－４８＝９」のxにあてはまる数は□です。

(4)　次のア～クの中から，長方形にあてはまらないものをすべて選び記号で答えると□です。

ア	向かい合った２組の辺が平行である。	イ	向かい合った辺の長さが等しい。
ウ	向かい合った角の大きさが等しい。	エ	辺の長さがすべて等しい。
オ	角の大きさがすべて等しい。	カ	２本の対角線が垂直に交わる。
キ	２本の対角線の長さが等しい。	ク	対角線がそれぞれの真ん中の点で交わる。

(5)　ある数を２４でわるのを，まちがえて４２でわったため，商が１５，あまりが１８になりました。この計算を正しくやりなおしたらわりきれ，商は□となりました。

(6)　図１は，ある角柱です。

この角柱の体積は，□cm³です。

図１

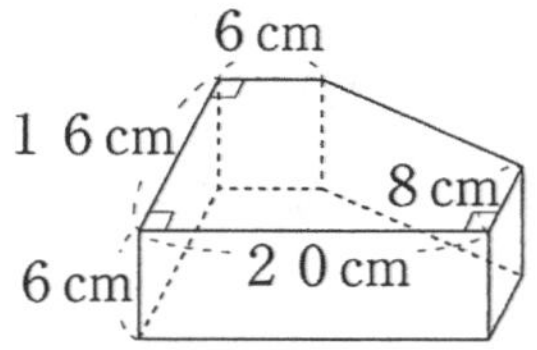

(7)　図２は，正方形を折り返したものです。

㋐の角の大きさは，□度です。

図２

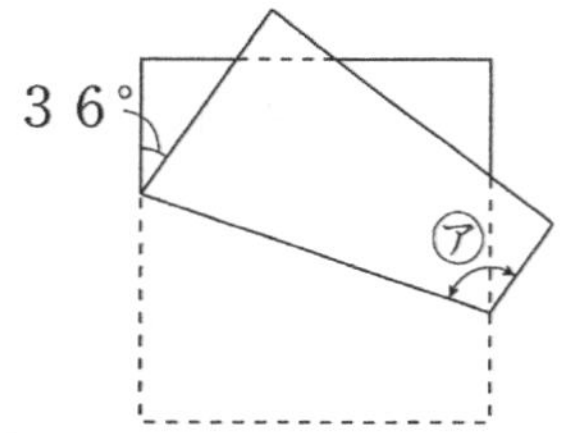

(8)　図３のように，半形５cmの円と４つの直径５cmの半円を組み合わせて図をつくりました。

色をつけた部分のまわりの長さは，□cmです。

図３

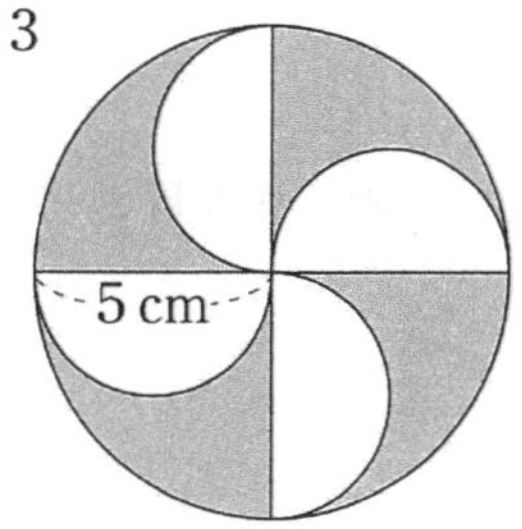

算　　数　（その２）

答えは□の中に書きなさい。

3　２００ｇあたりに６．６ｇのたんぱく質をふくんでいる牛乳があります。あとの問いに答えなさい。

(1)　この牛乳を１２０ｇ飲んだとき，とれるたんぱく質は何ｇですか。

ｇ

(2)　１日に必要なたんぱく質を５０ｇとします。牛乳で，すべてのたんぱく質をとろうとすると必要な牛乳は何ｇですか。小数第一位を四捨五入して整数で答えを書きなさい。

ｇ

4　右の図のように，ボウリングのピンを前から順に番号をつけながら，１列目に１本，２列目に２本，３列目に３本，４列目に４本と並べ，その後も１列増えるごとに１本ずつ増やして並べていきました。あとの問いに答えなさい。

図

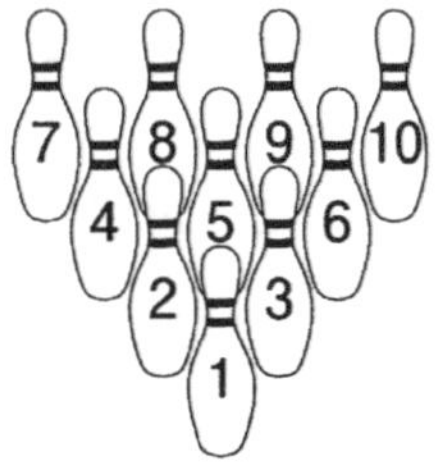

(1)　７列目にかかれた数字の平均はいくつですか。

(2)　ピンを９列目まで並べると，ピンはぜんぶで何本ですか。

本

(3)　９列目のピンにかかれている数字から素数をすべて選んで足すといくつですか。

5　自宅から１５km はなれたＢ駅に行きます。まず，自宅から５km はなれたＡ駅まで分速２００ｍの自転車で行きました。Ａ駅に到着後すぐに博物館までバスに乗り，博物館からＢ駅までの２km を３０分で歩いたら自宅からＢ駅までは１時間２７分かかりました。あとの問いに答えなさい。

(1)　バスの進む速さは分速何ｍですか。

分速　　ｍ

(2)　Ａ駅で待つとＢ駅行きの分速６００ｍの快速電車が出ていることがわかりました。この電車に乗るとバスに乗るよりも２２分早くＢ駅に着くことがわかりました。Ａ駅で快速電車を待っていた時間は何分何秒ですか。

分　　秒

6　校舎の高さを求めるために，右のような縮図をかきました。実際の校舎の真下の地点Ｂから地点Ｐまでの距離は１０ｍでした。縮尺を $\frac{1}{400}$ として，あとの問いに答えなさい。

図

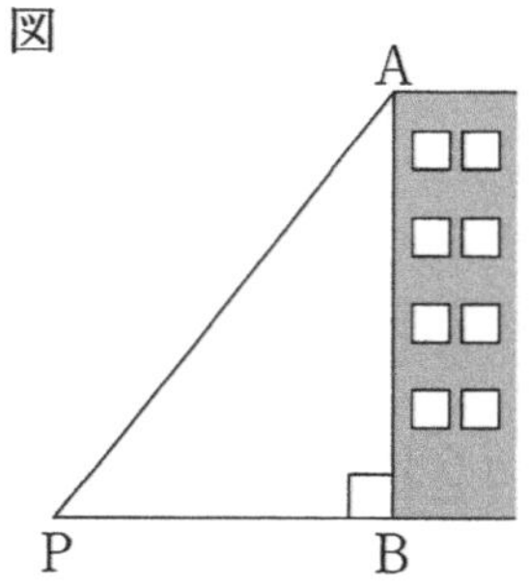

(1)　縮図で，ＰＢに対応する辺の長さは何 cm ですか。

cm

(2)　縮図で，三角形ＡＢＰの面積は４cm^2でした。実際の校舎の高さは何ｍですか。

ｍ

英　　　語 (45分) (その1)

※100点満点
(配点非公表)

答えは□の中に書きなさい。

受験番号	

(名前は書かないこと)

※	※

(※らんには何も記入しないこと)

初めに，**リスニング問題**から始めます。**リスニング問題**は1から4まであります。リスニング問題の途中で，問題用紙の余白にメモをとってもかまいません。

※音声は収録しておりません

1　今から，1番から5番までの英単語を放送します。その英単語は次の**ア～カ**のどの絵を表したものですか。正しいものを1つ選び，解答らんに，**ア～カ**の記号のいずれかで答えなさい。ただし，1つあまる絵があります。放送は1回だけ流れます。

1	1番	2番	3番	4番	5番

2　今から，1番から5番の英文を放送します。その文が，下の絵の内容と**合っている場合は○を**，**まちがっている場合は×を**，解答らんに書きなさい。放送は2回流れます。

2	1番	2番	3番	4番	5番

3　今から，番号のあとに3つの英文（ア，イ，ウ）を放送します。3つの英文の中から，それぞれの番号の絵の内容と最もよく合っているものを1つ選び，解答らんに，**ア～ウ**の記号のいずれかで答えなさい。放送は2回流れます。

3	1番	2番	3番	4番	5番

4　今から，番号のあとに対話を放送します。対話の内容と最もよく合っている絵を1つ選び，解答らんに，**ア～ウ**の記号のいずれかで答えなさい。放送は2回流れます。

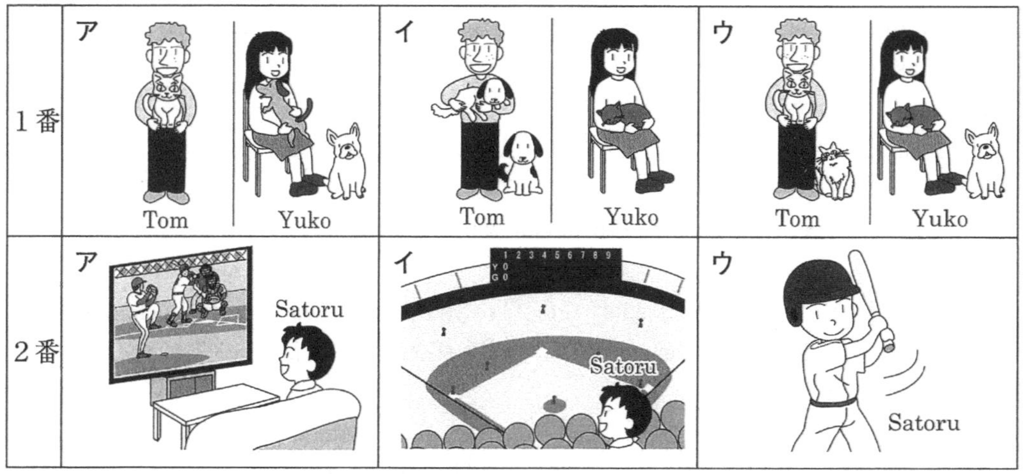

4	1番	2番

リスニング問題はここまでです。
次の問題に移ってください。

英　　　語　（その２）

答えは□の中に書きなさい。

受験番号	

（名前は書かないこと）

※	※

（※らんには何も記入しないこと）

5　次の(1)から(4)は日本語に合う英語を，(5)から(8)は英語に合う日本語を，それぞれア～エの中から１つ選び，解答らんに，ア～エの記号のいずれかで答えなさい。

		ア	イ	ウ	エ
(1)	秋	summer	winter	spring	fall
(2)	９月	July	September	February	October
(3)	(数字の)12	eleven	fifteen	twenty	twelve
(4)	ひざ	arm	hand	knee	leg
(5)	strong	親切だ	力が強い	眠い	おもしろい
(6)	join	訪れる	おどる	遊ぶ	参加する
(7)	light	明かり	湖	右	米
(8)	plastic bag	エコバッグ	おもちゃ箱	ビニール袋《ふくろ》	通学かばん

5	(1)	(2)	(3)	(4)	(5)	(6)	(7)	(8)

6　次の(1)から(5)の対話文の（　　）に入れるのに最も適切なものを，それぞれア～エの中から１つ選び，解答らんに，ア～エの記号のいずれかで答えなさい。

(1)　A：(　　　) is your Japanese test, Paul?
B：It's next Tuesday, Dad.
ア　It　　イ　When　　ウ　What　　エ　Why

(2)　A：Are you a nurse?
B：(　　　) I work at this hospital.
ア　Go to bed.　　イ　I'm in Sendai.　　ウ　Yes, I am.　　エ　Yes, I can.

(3)　A：This restaurant is very good.
B：(　　　)
ア　I think so, too.　　イ　Are you from Tokyo?
ウ　No, it's not. It's my coffee.　　エ　Yes, please.

(4)　A：Soccer is fun. I like soccer. How about you?
B：(　　　)
ア　No, I don't. Do you practice it?　　イ　Are you tired? I want to eat lunch, too.
ウ　Look. This is my new ball.　　エ　I like soccer, too. I practice it every day.

(5)　A：We visited Tokyo. (　　　)
B：Oh, that's good.
ア　We want to visit Tokyo.　　イ　We like our school.
ウ　We didn't go to Tokyo.　　エ　We enjoyed the school trip.

6	(1)	(2)	(3)	(4)	(5)

7　次の(1)から(5)の日本語の意味になるように〔　　〕内の語を並べかえ，英文を完成させなさい。英語は解答らんの書き出しにつづけて，＿＿の上に書くようにしなさい。

(1)　私はバスの運転手ではありません。
I ＿＿＿＿＿＿ .　〔 a / am / bus / not / driver 〕

(2)　カオリ，今日は何曜日ですか。
Kaori, ＿＿＿＿＿＿ ?　〔 day / it / today / is / what 〕

(3)　私たちは週末には図書館で勉強します。
We ＿＿＿＿＿＿ weekends.　〔 the / in / on / study / library 〕

(4)　私はじょうずにピアノをひくことができません。
I ＿＿＿＿＿＿ .　〔 well / the / can't / piano / play 〕

(5)　アキラ，あなたの英語の先生はだれですか。
Akira, ＿＿＿＿＿＿ ?　〔 English / your / is / who / teacher 〕

7		
	(1)	I ＿＿＿＿＿＿＿＿＿＿＿＿ .
	(2)	Kaori, ＿＿＿＿＿＿＿＿＿＿＿＿ ?
	(3)	We ＿＿＿＿＿＿＿＿＿＿＿＿ weekends.
	(4)	I ＿＿＿＿＿＿＿＿＿＿＿＿ .
	(5)	Akira, ＿＿＿＿＿＿＿＿＿＿＿＿ ?

8　次の(1)から(4)の各文のあとにある〔　　〕内の指示に合うように，英語で表現しなさい。英語はそれぞれの解答らんに書きなさい。

(1)　I have a car.
〔「私は車をもっていません」という５語の英語にしなさい〕

(2)　The museum is in this park.
〔美術館（museum）がどこにあるのかをたずねる英語にしなさい〕

(3)　I like watch TV.
〔下線部のまちがいをなおし，全文を書きかえなさい〕

(4)　I go to the store every Sunday.
〔下線部を「この前の日曜日に」という意味の英語に変えて，全文を書きかえなさい〕

8		
	(1)	
	(2)	
	(3)	
	(4)	

放送原稿

※音声は収録しておりません

1 （放送された英単語）

1 zoo
2 socks
3 clean
4 sleepy
5 calligraphy

2 （放送された英文）

1 It is sunny.
2 It is ten thirty now.
3 A boy is jogging.
4 A girl and her dog are walking in the park.
5 Three trees are in the park.

3 （放送された英文）

1 ア My bag is on the bed. イ My bag is by the window.
ウ My bag is under the table.
2 ア You can't talk here. イ You can't eat here.
ウ You can't run here.
3 ア It's Monday today. イ It's Friday today.
ウ It's Saturday today.
4 ア Mr. Kato is a fire fighter. イ Mr. Kato is a flight attendant.
ウ Mr. Kato is a police officer.
5 ア The mother is very sad about her son.
イ The mother is very angry with her son.
ウ The mother is very happy with her son.

4 （放送された対話文）

1 Man ：I have a cat. How about you, Yuko?
Woman：I have two dogs, Tom.
2 Man ：Mary, I want to go to America.
Woman：Why do you want to go there, Satoru?
Man ：I want to watch baseball games in a stadium.
Woman：That's nice.